Le Goût
de l'archive

Arlette Farge

Le Goût
de l'archive

Éditions du Seuil

CET OUVRAGE A ÉTÉ PUBLIÉ EN 1989 DANS LA COLLECTION
« LA LIBRAIRIE DU XXIᵉ SIÈCLE »
DIRIGÉE PAR MAURICE OLENDER

ISBN 978-2-02-030909-7
(ISBN 2-02-010881-X, 1ʳᵉ publication)

© Éditions du Seuil, septembre 1989

Des traces par milliers

Été comme hiver, elle est glacée ; les doigts s'engourdissent à la déchiffrer tandis qu'ils s'encrent de poussière froide au contact de son papier parchemin ou chiffon. Elle est peu lisible à des yeux mal exercés même si elle est parfois habillée d'une écriture minutieuse et régulière. Elle apparaît sur la table de lecture, le plus souvent en liasse, ficelée ou sanglée, fagotée en somme, les coins dévorés par le temps ou par les rongeurs ; précieuse (infiniment) et abîmée, elle se manipule lentement de peur qu'une anodine amorce de détérioration ne devienne définitive. Au premier regard, on peut savoir si elle a ou non déjà été consultée, ne serait-ce qu'une seule fois depuis sa conservation. Une liasse intacte est aisément reconnaissable. Non par son aspect (elle a pu être longtemps abritée entre caves et inondations, guerres ou débâcles, givres et incendies), mais par cette façon spécifique d'être uniformément recouverte d'une poudre non volatile, refusant de s'esquiver au premier souffle, froide écaille grise déposée par le temps. Sans autre trace que celle livide du lien de tissu qui la ceinture et la retient en son milieu, la fléchissant imperceptiblement à la taille.

L'archive judiciaire est spécifique. Ici, il ne sera question (ou presque) que de celle du XVIIIe siècle, rassemblée en séries aux Archives nationales, à la Bibliothèque de l'Arsenal et à la Bibliothèque nationale. Sur elle s'est fondé notre travail d'historien[1].

En ce siècle, elle n'a rien des manuscrits médiévaux aux enluminures remarquables ; elle est simplement un des moyens que prend la monarchie pour s'administrer civilement et pénalement, et que le temps a retenu comme trace de son écoulement. Comme aujourd'hui, autrement qu'aujourd'hui, la police dresse des procès-verbaux et remplit des registres. Les commissaires et les inspecteurs de police envoient à leurs supérieurs notes et rapports ; les délinquants subissent des interrogatoires et les témoins livrent leurs appréciations à des greffiers qui notent sans ponctuation, selon l'habitude fluide du siècle.

L'archive judiciaire du XVIIIᵉ siècle est faite de cela : de l'accumulation, feuille volante après feuille volante, de plaintes, de procès, d'interrogatoires, d'informations et de sentences. La petite et la grande délinquance reposent ici, en même temps que les innombrables rapports et informations de police sur une population que l'on cherche activement à surveiller et à contrôler. Cela forme des liasses, classées chronologiquement, mois après mois ; cela peut aussi former des registres reliés pleines peaux (c'est plus rare), ou être rassemblé en boîtes de carton grises contenant des dossiers pénaux, classés par nom et par année. L'archive suppose l'archiviste ; une main qui collectionne et classe, et même si l'archive judiciaire est certainement celle qui, dans toutes les bibliothèques ou dépôts d'archives départementales, est la plus « brutalement » conservée (c'est-à-dire la plus simplement gardée à l'état brut, sans reliure, sans brochure, seulement rassemblée et liée comme une botte de paille), elle est en quelque sorte préparée pour un usage éventuel.

Usage immédiat, celui dont le XVIIIᵉ siècle avait besoin pour la mise en place de sa police ; usage différé, peut-être inattendu, pour celle ou celui qui décide de prendre l'archive pour témoin, plus de deux siècles plus tard, et de la privilégier presque exclusivement par rapport à des sources imprimées à la fois plus traditionnelles et plus directement accessibles.

L'archive ne ressemble ni aux textes, ni aux documents imprimés, ni aux « relations[2] », ni aux correspondances, ni aux journaux, ni même aux autobiographies. Elle est difficile dans sa matérialité. Parce que démesurée, envahissante comme les marées d'équinoxes, les avalanches ou les inondations. La comparaison avec des flux naturels et imprévisibles est loin d'être fortuite ; celui qui travaille en archives se surprend souvent à évoquer ce voyage en termes de plongée, d'immersion, voire de noyade... la mer est au rendez-vous ; d'ailleurs, répertoriée dans des inventaires, l'archive consent à ces évocations marines puisqu'elle se subdivise en fonds ; c'est le nom donné à ces ensembles de documents, soit homogènes par la nature des pièces qu'ils comportent, soit reliés ensemble par le seul fait d'avoir un jour été donnés ou légués par un particulier qui en avait la propriété. Fonds d'archives nombreux et amples, arrimés dans les caves des bibliothèques, à l'image de ces énormes masses de rochers appelées « basses » en Atlantique, et qui ne se découvrent que deux fois par an, aux grandes marées. Fonds d'archives dont la définition scientifique n'épuise heureusement ni les mystères ni la profondeur : « Ensemble de documents, quels que soient leurs formes ou leur support matériel, dont l'accroissement s'est effectué d'une manière organique, automatique, dans l'exercice des activités d'une personne physique ou morale, privée ou publique, et dont la conservation respecte cet accroissement sans jamais le démembrer[3]. »

Dans les bibliothèques, le personnel (conservateurs et magasiniers) ne se perd pas en mer ; il parle d'elle en nombre de kilomètres de travées qu'elle occupe. C'est une autre forme de gigantisme ou bien une astucieuse façon de l'apprivoiser tout en marquant d'emblée l'utopie que représenterait la volonté d'en prendre un jour exhaustivement possession. La métaphore du système métrique crée le paradoxe : allongée sur les rayons, mesurée en mètres de ruban comme nos routes, elle apparaît infinie, peut-être même indéchiffrable. Lit-on une autoroute, fût-elle de papier[4] ?

Déroutante et colossale, l'archive, pourtant, saisit. Elle ouvre brutalement sur un monde inconnu où les réprouvés, les miséreux et les mauvais drôles jouent leur partition dans une société vivante et instable. Sa lecture pro-

11

voque d'emblée un effet de réel qu'aucun imprimé, si méconnu soit-il, ne peut susciter. L'imprimé est un texte, intentionnellement livré au public. Il est organisé pour être lu et compris de nombreuses personnes ; il cherche à annoncer et créer une pensée, à modifier un état de choses par la mise en place d'une histoire ou d'une réflexion. Il s'ordonne et se structure, selon des systèmes plus ou moins aisément déchiffrables, et, quelque apparence qu'il revête, il existe pour convaincre et transformer l'ordre des connaissances. Officiel, fictionnel, polémique ou clandestin, il se répand à grande vitesse au siècle des Lumières, traversant les barrières sociales, souvent pourchassé par le pouvoir royal et son service de la librairie[5]. Masqué ou non, il est chargé d'intention ; la plus simple et la plus évidente étant celle d'être lue par les autres.

Rien à voir avec l'archive ; trace brute de vies qui ne demandaient aucunement à se raconter ainsi, et qui y sont obligées, parce qu'un jour confrontées aux réalités de la police et de la répression. Qu'il s'agisse de victimes, plaignants, suspects ou délinquants, aucun d'entre eux ne rêvait de cette situation où il leur faut expliquer, se plaindre, se justifier devant une police peu amène. Leurs paroles sont consignées une fois survenu

12

l'événement, et si elles ont, sur le moment, une stratégie, elles n'obéissent pas, comme l'imprimé, à la même opération intellectuelle. Elles livrent ce qui n'aurait jamais été prononcé si un événement social perturbateur n'était survenu. En quelque sorte, elles livrent un non-dit. Dans la brièveté d'un incident provoquant du désordre, elles viennent expliquer, commenter, raconter comment « cela » a pu exister, dans leur vie, entre voisinage et travail, rue et escaliers. Séquence courte, où à propos d'une blessure, d'une bagarre ou d'un vol, se dressent des personnages, silhouettes baroques et claudicantes, dont on fait soudain état des habitudes et des défauts, dont on détaille parfois les bonnes intentions et les formes de vie.

L'archive est une brèche dans le tissu des jours, l'aperçu tendu d'un événement inattendu. En elle, tout se focalise sur quelques instants de vie de personnages ordinaires, rarement visités par l'histoire, sauf s'il leur prend un jour de se rassembler en foules et de construire ce qu'on appellera plus tard de l'histoire. L'archive n'écrit pas de pages d'histoire. Elle décrit avec les mots de tous les jours le dérisoire et le tragique sur un même ton, où l'important pour l'administration est de connaître qui sont les responsables et comment les punir. Aux questions succèdent des réponses ; chaque plainte, chaque procès-verbal est une scène où se formule ce qui habituellement ne prend pas la peine de l'être. Encore moins d'être écrit ; les pauvres n'écrivent pas, ou si peu, leur biographie (l'archive judiciaire, domaine du petit délit avant d'être celui, plus rare, du grand crime, recèle davantage de menus incidents que de graves assassinats, et exhibe à chaque feuillet la vie des plus démunis).

On a parfois comparé ce type d'archive à des « brèves », ces entrefilets de journaux qui informent sur certains aspects insolites de la vie du monde. L'archive n'est pas une brève ; elle n'a pas été composée pour étonner, plaire ou informer, mais pour servir à une police qui surveille et réprime. Elle est le recueil (falsifié ou non, véridique ou non, ceci est une autre affaire) de paroles prononcées, dont leurs auteurs, contraints par l'événement, n'ont jamais imaginé qu'elles le seraient un jour. C'est en ce sens qu'elle force la lecture, « captive » le lecteur, produit sur lui la sensation d'enfin appréhender le réel. Et non plus de l'examiner à travers *le récit sur*, *le discours de*.

Ainsi naît le sentiment naïf, mais profond, de déchirer un voile, de traverser l'opacité du savoir et d'accéder, comme après un long

14

voyage incertain, à l'essentiel des êtres et des choses. L'archive agit comme une mise à nu ; ployés en quelques lignes, apparaissent non seulement l'inaccessible mais le vivant. Des morceaux de vérité à présent échoués s'étalent sous les yeux : aveuglants de netteté et de crédibilité. Il n'y a pas de doute, la découverte de l'archive est une manne offerte justifiant pleinement son nom : source.

A nulle autre pareille, la source des interrogatoires et des témoignages de police semble accomplir un miracle, celui de rattacher le passé au présent ; en la découvrant, on se prend à penser qu'on ne travaille plus avec les morts (l'histoire est certainement d'abord une rencontre avec la mort), et que la matière est si aiguë qu'elle sollicite simultanément l'affectivité et l'intelligence. Sentiment rare que cette soudaine rencontre avec des existences inconnues, accidentées et remplies, qui mêlent, comme pour mieux embrouiller, le proche (si proche) et le lointain, le défunt.

La découverte d'une autobiographie ou d'un journal intime peut créer des effets comparables, dira-t-on, mais la différence reste grande. Le carnet le plus intime qui soit, délaissé dans un coin de grenier puis retrouvé quelques siècles plus tard, suggère malgré tout que celui qui l'a écrit cherchait plus ou moins à être découvert et estimait que les événements de sa vie nécessitaient une mise en texte[6]. L'archive ne possède point ce caractère : le témoin, le voisin, le voleur, le traître et le rebelle ne voulaient pas de mise en page ; c'est pour d'autres nécessités que leurs mots, leurs actes et leurs pensées ont été retranscrits. Cela transforme tout, non seulement le contenu de ce qui est écrit, mais aussi le rapport à celui-ci, notamment la relation à l'effet de réel, plus insistante et tenace, pourquoi ne pas dire plus envahissante.

Un matin à la Bibliothèque de l'Arsenal.

Du linge sous les doigts : rêche douceur inhabituelle pour des mains accoutumées à présent au froid de l'archive. Du linge blanc et solide, glissé entre deux feuilles, recouvert d'une belle écriture ferme : c'est une lettre. On comprend qu'il s'agit d'un prisonnier de la Bastille, depuis longtemps enfermé. Il écrit à sa femme une missive implorante et affectueuse. Il profite de l'envoi de ses hardes au blanchissage pour y insérer ce message. Anxieux du résultat, il demande à sa blanchisseuse de bien vouloir, en retour, broder une minuscule croix bleue sur un de ses bas

16

nettoyés ; ce sera pour lui le signe rassurant que son billet de tissu a bien été reçu par son épouse. Retrouvé en archive, le morceau de linge dit à lui tout seul qu'il n'y eut certainement pas de petite croix bleue brodée sur le bas blanchi du prisonnier[7]...

Un dossier légèrement renflé : l'ouvrir doucement ; épinglé en haut d'une page, un minuscule sac de toile grossière, gonflé d'une matière indiscernable au premier abord. Une lettre accompagne le tout, celle d'un médecin de campagne écrivant à la Société royale de médecine qu'il connaît une jeune fille, sincère et vertueuse, des seins de laquelle s'échappent, chaque mois, des bouffées de graines. Le petit sac épinglé en est la preuve.

Ouvrir ou non ce qui n'a jamais été ouvert depuis deux siècles. Ouvrir précautionneusement, retirer l'épingle épaisse qui a creusé dans la serge deux gros trous, un peu tachés de rouille. C'est mieux ainsi, ce sachet se refermera avec plus d'aisance, absolument comme avant, en ajustant l'épingle à ses traces. Quelques graines s'enfuient, dorées comme au premier jour ; elles se distribuent en pluie sur l'archive jaunie. Bref éclat de soleil. Si c'était vraiment un peu de cette jeune fille en fleurs à laquelle croit son médecin. Jeu de métaphores, mais aussi pouvoir surprenant

de ces graines intactes, aussi réelles qu'imma-
térielles, censées être à la fois le fruit d'un
corps et une des explications scientifiques des
menstrues[8].

On ne peut mieux décrire l'effet de réel ressenti qu'avec ces deux objets retrouvés au
hasard de la consultation des dossiers. Sans
compter les cartes à jouer, dont le dos sert
parfois à griffonner des comptes ou à noter
une adresse. Ni même les dessins, ou gri-
bouillis, en marge de tel ou tel procès-verbal,
témoignant de quelques moments rêveurs
d'un greffier peu absorbé, ou de la plume dis-
traite d'un inspecteur relisant ses papiers.
Comme si, de ce monde disparu, revenaient
aussi des traces matérielles des instants les
plus intimes et les moins souvent exprimés
d'une population aux prises avec l'étonnement, la douleur ou la feinte. L'archive pétri-
fie ces moments au hasard et dans le
désordre ; chaque fois, celui qui la lit, la
touche ou la découvre est d'abord provoqué
par un effet de certitude. La parole dite, l'objet trouvé, la trace laissée deviennent figures
du réel. Comme si la preuve de ce que fut le
passé était enfin là, définitive et proche.
Comme si, en dépliant l'archive, on avait
obtenu le privilège de « toucher le réel ». Dès
lors pourquoi discourir, fournir de nouveaux

mots, pour expliquer ce qui tout simplement gît déjà sur les feuilles, ou entre elles.

L'envahissement de ces sensations ne dure jamais, on dit d'ailleurs qu'il en est de même pour les mirages. Le réel a beau sembler être là, visible et préhensible, il ne dit en fait rien d'autre que lui-même, et c'est naïveté de croire qu'il est ici rendu à son essence. Le « retour d'archives[9] » est parfois difficile : au plaisir physique de la trace retrouvée succède le doute mêlé à l'impuissance de ne savoir qu'en faire.

Certes, la lettre de chiffon est émotionnellement prenante, et bien des musées seraient sans doute heureux de l'exposer sous verre, mais l'important est ailleurs. Il réside dans l'interprétation difficile de sa présence, dans la recherche de sa signification, dans la mise en place de sa « réalité » au milieu de systèmes de signes dont l'histoire peut tenter d'être la grammaire. Les graines ensoleillées et les cartes à jouer sont à la fois tout et rien. Tout, parce qu'elles surprennent et défient le sens ; rien, parce que ce ne sont que des traces brutes, qui ne renvoient qu'à elles-mêmes, si on ne s'en tient qu'à elles. Leur histoire n'existe qu'au moment où on leur pose un certain type de questions et non au moment où on les recueille, fût-ce dans l'allégresse.

Néanmoins, personne n'oublie jamais la couleur de graines un jour entrevues, ni même les mots de tissu...

Soyons justes : le blé ne pousse pas si souvent en archive. Une fois passée la surprise, la monotonie des événements collectés prend le pas sur les découvertes. Une vague lassitude vient alourdir la lecture. Bien sûr, aucune plainte ne ressemble vraiment à une autre, aucune bagarre ne trouble le voisinage de la même façon, mais les procès-verbaux ont tous le même format, et les interrogatoires, au premier regard, à peu près la même structure. De même les informations, le récolement[10] des témoins, la sentence prononcée : entre bannissement à temps et trois ans de galères, bien des malandrins se promènent, n'ayant eu que quelques instants pour crier leur forfait ou raconter qu'ils n'ont jamais été à l'endroit où le sergent les a arrêtés.

Les registres de délinquants ou de prisonniers sont peu maniables — il faut les adosser sur un pupitre de bois pour les consulter — et laconiques : ils font survivre en d'innombrables colonnes des milliers de noms inconnus, suivis de rares renseignements qu'au premier abord on ne sait comment traiter. Loin de la précision des registres d'aujourd'hui, ils n'offrent que l'ébauche d'une mise en fiches et d'un contrôle tout juste naissant. Il s'agit de longues listes ennuyeuses, le plus souvent écrites par un même greffier, parfois interrompues on ne sait pourquoi et jamais reprises malgré un titre prometteur qui indiquait une longue chronologie qui ne sera point respectée. Ces problèmes de tenue de l'archive judiciaire ne sont pas aisés à résoudre, et ces listes servent davantage l'histoire quantitative que celle des mentalités. Un jour, pour éviter l'ennui, on dit qu'une habituée des salles d'archives glissa à presque chacun de ses doigts un anneau ou une bague, dans le seul but de voir jouer la lumière lorsque, indéfiniment, ses mains passaient et repassaient le long des hautes pages afin de ne point perdre le suc de ce matériel en définitive rarement muet, même s'il est opaque.

L'archive foisonne de personnages, plus que n'importe quel texte ou n'importe quel roman. Ce peuplement inhabituel d'hommes et de femmes, dont le nom dévoilé ne réduit aucunement l'anonymat, renforce pour le lecteur une impression d'isolement. L'archive impose très vite une étonnante contradiction ; en même temps qu'elle envahit et immerge, elle renvoie, par sa démesure, à la solitude. Une solitude où grouillent tant d'êtres « vivants » qu'il ne semble guère possible d'en rendre compte, d'en faire l'histoire en somme. Des traces par milliers... c'est le rêve de tout chercheur (pensons un seul instant aux historiens de l'Antiquité par exemple). Leur abondance séduit et sollicite, tout en maintenant le lecteur dans une sorte d'inhibition.

Que veut dire exactement : disposer de sources innombrables, et comment tirer efficacement de l'oubli des existences qui n'ont jamais été retenues, pas même de leur vivant (si ce n'est éventuellement pour être punies ou admonestées) ? Si l'histoire est résurrection intacte du passé, la tâche est impossible ; pourtant ce peuplement insistant ressemble à une requête. Devant elle, il se peut qu'on soit seul à la manière de l'individu confronté à la foule ; seul et quelque peu fasciné. Parce qu'on pressent à la fois la force du contenu et son impossible déchiffrement, son illusoire restitution.

La tension s'organise — souvent conflictuellement — entre la passion de la recueillir tout entière, de la donner à lire toute, de jouer avec son côté spectaculaire et son contenu illimité, et la raison, qui exige qu'elle soit finement questionnée pour prendre sens. C'est entre passion et raison qu'on décide d'écrire l'histoire à partir d'elle. L'une épaulant l'autre, sans jamais gagner sur l'autre ou l'étouffer, sans non plus jamais se confondre ni se surajouter mais en imbriquant leur chemin jusqu'à ce qu'on ne pose même plus la question de leur nécessaire distinction.

Admettons pour l'instant que l'archive soit sur la table de la bibliothèque, déposée par le magasinier en l'état où elle a été recueillie et classée, donc manipulable par des mains désireuses de la consulter. C'est le cas, de loin le plus fréquent ; en France, la mécanisation avance à petits pas.

Les manuscrits du XVIIIe siècle, trop fragiles, ne peuvent être photocopiés, la modernité les saisit seulement par le biais de microfilms ou microfiches, indispensables mais blessants pour les yeux. Compulser l'archive, la feuilleter, aller d'arrière en avant, devient dès lors impossible avec cette technique impitoyable qui en change sensiblement la lecture, donc l'interprétation. Utiles pour la conservation, ces systèmes de reproduction de l'archive entraînent sûrement d'autres manières fructueuses de poser des questions aux textes, mais ils feront oublier à certains l'approche tactile et immédiate du matériau, cette sensation préhensible des traces du passé. L'archive manuscrite est un matériau vivant, sa reproduction microfilmée est un peu lettre morte, quand bien même elle s'avère nécessaire.

Lire l'archive est une chose ; trouver le moyen de la retenir en est une autre. On peut surprendre en affirmant que les heures passées en bibliothèque à consulter l'archive sont autant d'heures passées à la recopier, sans en changer un mot. Le soir venu, après cet exercice banal et étrange, il arrive qu'on s'interroge sur cette occupation industrieuse et obsessionnelle. Temps perdu ou moyen utopique de le retrouver coûte que coûte ? Temps qui évoque quelque peu les automnes de l'enfance et de l'école primaire passés au milieu des feuilles mortes à recopier des mots ou des dictées, jugés par le maître bien trop maltraités le matin même. C'est cela ; mais c'est aussi bien autre chose d'indéfinissable ; il s'agit d'une plage, située entre l'apprentissage enfantin de l'écriture et l'exercice mature des bénédictins studieux, la vie soumise à la copie des textes. Au temps de l'informatique, ce geste de copie, à peine, peut se dire. Comme immédiatement frappé d'imbécillité. Peut-être est-ce vrai, du reste : il y a sûrement quelque imbécillité à recopier toujours, plutôt qu'à prendre en notes ou à résumer tout bonnement l'idée principale d'un document. De l'imbécillité, alliée à de l'obstination têtue, voire maniaque et fière, à moins que ce dessin absolu des mots ne soit ressenti comme une nécessité, un moyen privilégié d'entrer en connivence et d'éprouver de la différence. On peut se raisonner, se répéter qu'on peut très bien connaître Diderot sans ressentir jamais le besoin de le recopier ; toutefois devant l'archive manuscrite une urgence se crée, celle de se couler par le geste dans le flot saccadé des phrases, dans le débit heurté des demandes et des réponses, dans l'anarchie des mots. Se couler, mais aussi se laisser dérouter, entre familiarité et dépaysement.

Le goût de l'archive passe par ce geste artisan, lent et peu rentable, où l'on recopie les textes, morceaux après morceaux, sans en transformer ni la forme, ni l'orthographe, ni même la ponctuation. Sans trop même y penser. En y pensant continûment. Comme si la main, ce faisant, permettait à l'esprit d'être simultanément complice et étranger au temps et à ces femmes et hommes en train de se dire. Comme si la main, en reproduisant à sa façon le moulé des syllabes et des mots d'autrefois, en conservant la syntaxe du siècle passé, s'introduisait dans le temps avec plus d'audace qu'au moyen de notes réfléchies, où l'intelligence aurait trié par avance ce qui lui semble indispensable et laissé de côté le surplus de l'archive. Ce geste d'approche s'est imposé au point de ne jamais se distinguer du reste du travail. L'archive recopiée à la main, sur une page blanche, est un morceau de temps apprivoisé ; plus tard, on découpera les thèmes, on formulera des interprétations. Cela prend beaucoup de temps et parfois fait mal à l'épaule en tiraillant le cou ; mais avec lui du sens se découvre.

Sur la porte d'entrée

Sur la porte d'entrée, un panneau indique les heures d'ouverture et de fermeture de la bibliothèque ; personne ne peut savoir qu'elles ne coïncident pas forcément avec celles de consultation des documents ; plus bas, on peut lire la liste des jours fériés, ainsi que celle des jours de fermeture qui les accompagne en amont et en aval à l'approche d'une fin de semaine. L'inscription est longue, dactylographiée sans manière, sur simple papier à entête du ministère de la Culture, et affichée si discrètement qu'on l'aperçoit rarement au premier coup d'œil. C'est exactement ce qui arrive au lecteur ; en poussant la lourde porte, il n'a pas réalisé qu'il était à dix minutes de l'arrêt des consultations d'archives pour la matinée. Il ne s'en soucie pas ; en sortant du métro, il a seulement jeté un vague regard autour de lui pour repérer le café le plus proche, qui lui servira au moment de la pause.

L'édifice est majestueux, l'escalier de pierre tout à fait confortable : larges marches ajustées au rythme de la montée, et rampe douce terminée par une fausse boule de cristal, abusivement penchée sur la droite. Sur le palier, le buste d'un inconnu ; le nom gravé en dessous ne le renseigne pas davantage. Il imagine un conservateur érudit, ou peut-être un donateur mécène, et passe son chemin. De grandes peintures murales, vaguement bucoliques, nettement académiques, assombrissent les couloirs attenants. Il fait frais ; malgré la douceur de la température extérieure, l'air est à la fois froid et humide, à faire serrer longuement les épaules. Face à lui, des portes closes ; quoique fermées, elles creusent les murs de leur promesse d'accéder à une salle de lecture. Rien n'invite à en pousser une plutôt qu'une autre. C'est à ce moment-là qu'il perd un peu d'insouciance. On le voit hésiter, s'intimider légèrement, prendre un faux air de savoir. Il n'a plus la souple nonchalance de son arrivée, d'autant qu'il vient de croiser plusieurs personnes dont l'aspect ne peut tromper. Ce sont des lecteurs, aux pas réguliers et rapides, habitant l'espace sans emphase, mais avec l'aisance caractéristique de ceux qui, depuis longtemps, sont entrés en connivence avec ce genre de tanières. Quelqu'un le double, le bras gauche alourdi par une serviette de cuir, l'autre replié sur un dossier qui a dû être orange. C'est une aubaine : il emprunte ses pas et affecte, dès cet instant, un visage plus aérien. Il longe un premier couloir, traverse un espace vide, aperçoit le nom d'une salle inscrit sur le linteau d'une porte, regarde distraitement le haut des arbres par la fenêtre, entre dans une vaste antichambre meublée de trois banquettes au velours passé et de deux vitrines contenant quelques médailles anciennes. A droite, une porte entrebâillée laisse apercevoir de longues travées noires où se bousculent des milliers de cartons, comme à la veille d'un déménagement ou au lendemain d'une débâcle. Il suit scrupuleusement celui qui, courtoisement, lui tient ouvertes les portes malgré ses mains chargées. Le dernier passage franchi, une bouffée de chaleur le renseigne : c'est en salle de lecture qu'il vient d'entrer.

*

La place numéro 1 est de loin la meilleure de toute la salle ; près de la haute croisée, elle est lumineuse ; à gauche, pas de voisin, *puisque l'allée de communication invite à l'espace, notamment à laisser le coude flotter tranquillement. Une fois installé, on découvre un joli point de vue sur la salle et sur l'étroite galerie de bois à balustrade qui la surplombe à mi-hauteur. Chaque matin à 10 heures, ils sont au moins deux à avoir décidé que cette place-là serait la leur. Ainsi se crée durablement une petite guerre, muette, invisible, mais opiniâtre. Il suffit, pour la gagner, d'arriver le premier dans la cour d'entrée, et de ne se laisser déborder par aucun mouvement permettant à l'autre, dans un moment d'inadvertance, de passer devant. Personne ne peut imaginer qu'il s'agit en fait d'un combat sans pitié, et qu'une bonne place en salle d'archives est un des biens les plus précieux qui soit. Pour obtenir sans difficulté, et sans avoir l'air de lutter, cette bénéfique place numéro 1, il faut commencer de bonne heure. Ne pas s'attarder trop longtemps au petit déjeuner, acheter le journal sans être retenu par les titres, sortir du métro, l'œil aux aguets de peur de reconnaître l'intrus, s'avancer sans presser le pas jusqu'à la porte. Si, par hasard, il sort de la même rame de métro, ne jamais courir, ni même le saluer ou lui sourire, toute complicité entraînant forcément d'ennuyeuses compromissions. Il faut continuer son chemin et prendre en tapinois la* petite impasse peu connue qui fait arriver plus rapidement au but. A l'ouverture des portes, si l'on se retrouve côte à côte pour monter les marches, il est nécessaire de prendre l'air détaché de celui qui sait bien évidemment qu'il a droit à la place numéro 1. L'autre, devant cette belle assurance, prendra la 2, juste à côté ; ou mieux encore, la 16, exactement en face de la 1, donc bien éclairée, joli point de vue inversé, etc., et possédant l'intraitable avantage de pouvoir à partir d'ici implacablement poser ses yeux courroucés sur le détenteur de la 1. C'est un face-à-face insupportable pour le gagnant, toujours un peu piteux d'avoir obtenu une victoire si dérisoire. Il n'y a guère de détente dans cette compétition qui s'acharne chaque jour ; aussi, certains matins arrive-t-il qu'on soit plus las que d'autres, et qu'on signe la défaite dès le pied mis à terre. Alors il devient facile de rêver devant la tasse de thé, ou se couler un long bain mousseux en bavardant avec la chatte, d'esquisser trois pas de gymnastique devant une fenêtre presque ouverte. La guerre est perdue puisque, à cette heure, l'autre est déjà sur la place numéro 1 ; il suffit de transformer la défaite en indifférence ou bien de la mener comme une nouvelle victoire. Cela dépend de la forme, et justement de la façon dont aujourd'hui la théière a, ou

31

non, bien versé son contenu dans la tasse, sans rien inonder autour. Dans ce cas, on peut prendre son temps au maximum et écouter les informations jusqu'à la météo, descendre le boulevard en caressant tous les chiens plutôt qu'en maugréant d'avoir à éviter leurs traces. La sortie du métro ressemble à un matin d'Austerlitz : il est 10 heures et demie, et personne n'est plus devant la porte. L'entrée en salle de lecture sera triomphale : le 1 est là, crispé de n'avoir pas eu à combattre ce matin. Il reste à le frôler un peu, négligemment, les yeux perdus vers la ligne des livres du fond, puis s'éloigner normalement vers le côté opposé de la salle, derrière lui, place 37. Un regard furtif sur le côté laisse entrevoir la nuque du 1 qui vient de se raidir insensiblement. C'est normal, la place 37 est un endroit si charmant...

Parcours et présences

Privilégier l'archive judiciaire suppose un choix, et conduit un itinéraire ; il n'est pas si naturel que cela de ne travailler qu'à partir d'elle et de l'introduire dans le débat historique en la prenant comme interlocutrice principale. Pourquoi le cacher ? Il y a certainement quelque chose d'un peu trivial à s'obstiner des années durant à rechercher toujours davantage de renseignements concrets sur la vie des gens d'un siècle passé, tandis que s'organisent de façon de plus en plus élaborée de nouvelles manières de réfléchir l'histoire. Mais ce serait oublier à quel point l'archive judiciaire a permis de spectaculaires entrées en scène.

La ville attentive.

Voici d'abord la ville, Paris, tel un personnage, résidant tout entière en ses acteurs qui l'habitent et la façonnent, fabriquée de modes de sociabilité qui s'accordent à son allure enchevêtrée et à ses immeubles sans secret.

Inondée de monde, attentive au moindre événement, elle est plus que de raison secouée par le flot des nouvelles et des rumeurs qui chaque jour l'emplissent. Parfois frappée par des intempéries ou des accidents, elle se défend avec énergie contre les agressions. Naturellement sensible aux événements collectifs qui ponctuent son calendrier, elle se prête avec bonhomie ou indifférence selon le cas à la « liesse décidée » des fêtes royales et des feux d'artifice. Dans l'infini détail de leurs réglementations, les rapports de police la racontent tantôt inquiète, tantôt fébrile ou encore implorante ; ils la montrent aussi insouciante ou colérique, réagissant avec ténacité et vigueur à tout ce qui survient.

Toujours éveillée, la ville est aux aguets : elle a tous les moyens de faire apparaître son opinion, bonne ou mauvaise, sur ce qui lui est donné à vivre, car elle fait peur. Elle fait peur aux gens de bien, aux voyageurs, à la police comme au roi, et conserve assez de mystère pour faire naître tout au long du XVIIIe siècle d'innombrables notes de police qui tentent de rien laisser échapper de son ombre. A travers ce matériel imposant, comme à travers les chroniques de Louis-Sébastien Mercier[11] ou les récits de Nicolas Rétif de La Bretonne[12], on la découvre fuyante bien qu'étroitement surveillée par une administration qui la veut lisse et docile. De fait, elle est opaque et mobile, et c'est bien son désordre qu'on devine d'abord derrière la monotonie de réglementations inlassablement répétées mois après mois et rarement obéies ; la ville écoute peu, et les ordres décidés d'en haut n'ont guère de prise sur son tumulte enjoué ou railleur. L'archive de police la livre à nu, rétive la plupart du temps, soumise parfois, toujours ailleurs, là où le rêve policier voudrait définitivement l'immobiliser.

L'archive, en quelque sorte, prend la ville en flagrant délit : ruser avec l'ordre, par exemple, de ne point accepter l'utopie des hommes de police ou encore choisir, selon les événements, d'acclamer ou de bouder ses rois, et de se soulever au cas où elle se sent menacée. A lire les registres de police, on constate à quel point la rébellion, le défi ou même la révolte sont des faits sociaux accoutumés que la ville sait gérer, susciter et dont elle reconnaît aisément les premiers signes.

Le peuple en mots.

Voici à présent le peuple et ses multiples visages mis en lumière : ils se découpent sur la foule, ombres chinoises sur les murs de la ville. L'archive naît du désordre, si minime soit-il ; elle arrache de l'obscurité de longues listes d'êtres pantelants, désarticulés, sommés de s'expliquer devant la justice.

Mendiants, oisifs, plaintifs, voleuses ou séducteurs agressifs sortent un jour de la foule compacte, griffés par le pouvoir qui les a poursuivis au cœur de leur vacarme ordinaire, soit qu'ils se soient trouvés là où il ne fallait pas, soit qu'ils aient eux-mêmes voulu transgresser et tonitruer, ou peut-être se nommer enfin devant le pouvoir[13]. Les morceaux de vie, couchés là, sont brefs, pourtant ils impressionnent : resserrés entre le peu de mots qui les définissent et la violence qui, d'un seul coup, les fait exister pour nous, ils remplissent registres et documents de leur présence. S'il y a procès puis sentences, ces

36

dernières ont beau être laconiques : « galères à temps », « suspect de sédition », « envoyé de prison »[14], elles révèlent non pas l'envers du décor, mais des scènes familières de la vie urbaine où l'ordre et le désordre se confondent souvent, avant même de se confronter.

Le plus souvent, l'archive ne dépeint pas les hommes en entier ; elle les fauche dans leur vie quotidienne, les fige dans quelques réclamations ou dans de pitoyables dénégations, épinglés comme des papillons aux ailes vibrantes, même lorsqu'ils sont consentants. Consentants à se plaindre, en des mots maladroits et timides, où leur apparente assurance cache une panique d'enfant. A moins qu'ils ne soient roués et raisonneurs, ou pis encore, moqueurs et mensongers sans vergogne.

L'archive joue d'emblée avec la vérité comme avec le réel : elle fait effet aussi par cette position ambiguë où, en dévoilant un drame, se dressent des acteurs pris au filet, dont les paroles transcrites recèlent plus d'intensité peut-être que de vérité. L'esquive, l'aveu, l'obstination et la détresse se mêlent sans se disjoindre, et sans qu'on puisse pour autant se préserver de l'intensité que cet éclat de vie provoque. Ce tremblé de l'archive, si porteur de réel malgré ses possibles mensonges, suscite la réflexion.

Bien sûr, on peut envisager, comme c'est souvent le cas, de travailler l'archive en ses renseignements tangibles et sûrs. Les listes de prisonniers, les registres des galériens comptabilisent une population à part sur laquelle on peut fonder une recherche. Il est tout à fait légitime et important de s'attarder par exemple sur une catégorie particulière de délinquants — voleurs ou tueurs, contrebandiers ou infanticides — dont l'examen renseigne aussi bien sur eux que sur la société qui les condamne. La déviance et la marginalité disent beaucoup sur la norme et sur le pouvoir politique, et chaque type de délit reflète un aspect de la société.

Cette façon de lire les documents à travers la fiabilité de renseignements tangibles laisse malgré tout en exil de sens tout ce qui n'est pas dûment « véritable », vérifiable, et qui pourtant est notifié : ce sont ces quelques phrases transcrites, venant des interrogatoires et des témoignages ; celles qu'on ne peut ni compter ni classer, mais qui un jour ont été dites et ont formé un discours — si maigre soit-il — où s'est joué un destin. Ce discours précairement élaboré, vrai ou faux, ce destin suspendu produisent de l'émotion, donc forcent l'intelligence à les déchiffrer plus avant au cœur de ce qui les a permis et produits.

A travers le discours, des vies se jouent en quelques phrases, et le risque de la réussite ou du malheur se prend à travers des mots. L'important n'est plus ici de savoir si les faits racontés ont eu exactement lieu de cette façon, mais de comprendre comment la narration s'est articulée entre un pouvoir qui l'y oblige, un désir de convaincre et une pratique des mots dont on peut chercher à savoir si elle emprunte ou non des modèles culturels ambiants[15].

La parole retenue est contenue au cœur du système politique et policier du XVIIIe siècle qui la gouverne et la produit. Elle offre au regard la conséquence de son origine et n'existe, bien sûr, que parce qu'une pratique spécifique de pouvoir l'a fait naître. Dans l'énoncé des réponses, ou dans les explications verbales données, s'esquisse en premier la manière dont des comportements personnels et collectifs s'imbriquent (bien ou mal) dans les conditions formulées par le pouvoir. Ces fragiles trajets, exposés en peu de mots par des femmes et des hommes, oscillant entre médiocrité et génie, exposent le fonctionnement des ajustements nécessaires entre soi, le groupe social et le pouvoir. Bien sûr, il y a mille façons de répondre lorsqu'on est interrogé ; toutes révèlent que le fragile abri qu'offrent les mots avec lesquels chacun construit sa défense s'organise forcément entre les structures de pouvoir existantes et les habitudes contemporaines d'explication et de description des événements. Ces vies ni grandes ni petites, rencontrant l'histoire à travers l'univers policier, inventent, le jour nécessaire, dans l'effroi ou la résignation, des réponses énigmatiques ou incisives, fruits de leur improbable insertion dans le système social.

Ces discours inachevés, contraints par le pouvoir à se dire, sont un des éléments de la société, un des points qui la caractérisent. Qu'il faille se dire, s'avouer ou non, en fonction d'un pouvoir auquel on se heurte, contre lequel on se débat, pour n'être point mis en prison, est une occurrence qui marque les destins singuliers. Dès lors, que le discours tenu soit embrouillé, mêlant la vérité au mensonge, la haine à la ruse, la soumission au défi, ne l'entache point dans sa « vérité ». L'archive ne dit peut-être pas la vérité, mais elle dit *de* la vérité, au sens où l'entendait Michel Foucault, c'est-à-dire dans cette façon unique qu'elle a d'exposer le *Parler* de l'autre, pris entre des rapports de pouvoir et lui-même, rapports que non seulement il subit, mais qu'il actualise en les verbalisant. Ce qui est visible, là, dans ces mots épars, ce sont des éléments de la réalité qui, par leur apparition en un temps historique donné, produisent du sens. C'est sur leur apparition qu'il faut travailler, c'est ici qu'on doit tenter le déchiffrement.

Derrière les mots exhibés sur les procès-verbaux, on peut lire la configuration dans laquelle chacun tente de se positionner vis-à-vis d'un pouvoir contraignant, dans laquelle chacun articule, avec succès ou non, sa propre vie face à celle du groupe social et par rapport aux autorités. Pour cela, il s'approprie, de façon réussie ou non, le vocabulaire dominant, et tente simultanément de se faire l'écho intelligible de ce qui peut permettre de le rendre innocent ou le moins coupable possible.

Sous l'archive le relief s'organise, il faut simplement savoir le lire ; et voir qu'il y a production du sens à cet endroit même où les vies cognent contre le pouvoir sans l'avoir choisi. Il faut patiemment mettre de l'ordre dans ces situations mises en lumière par ce choc soudain, repérer les discordances et les écarts. Le réel de l'archive devient non seulement trace mais aussi ordonnancement des figures de la réalité ; et l'archive entretient toujours un nombre infini de relations au réel.

Dans ce jeu complexe, où apparaissent des

visages — ne serait-ce que des ébauches — se glissent aussi de la fable et de l'affabulation, et peut-être la capacité de l'un ou de l'autre à tout transformer en légende, à créer une histoire ou à faire de sa vie une fiction. Sur cette transformation, l'archive encore renseigne, et les modèles empruntés, une fois repérés, ajoutent encore du sens. Narration et fiction s'entrelacent ; le tissu est serré et ne se laisse point lire si facilement.

On peut sans hâte le mettre à plat et le décortiquer avec minutie : autre chose subsiste pourtant, qui n'a point de nom et dont l'expérience scientifique sait mal rendre compte. Elle estime d'ailleurs qu'il n'est pas de son rôle d'en rendre compte, même si elle s'y trouve confrontée. Il s'agit, bien sûr, de ce surplus de vie qui inonde l'archive et provoque le lecteur dans ce qu'il a de plus intime. L'archive est excès de sens, là où celui qui la lit ressent de la beauté, de la stupeur et une certaine secousse affective. Le lieu est ici secret, pour chacun différent, mais, dans tout itinéraire, surviennent des rencontres qui facilitent l'accès à ce lieu et surtout à son expression. Michel Foucault fut une de ces rencontres, à la fois simple et déroutante. Il aimait le manuscrit et l'archive, et pouvait écrire combien ces textes de peu l'impressionnaient : « Sans doute une de ces impressions dont on dit qu'elles sont " physiques " comme s'il pouvait y en avoir d'autres[16]. » Commotionné, il savait que l'analyse ne pouvait pas tout dire, mais aussi que l'émotion dite ne satisfaisait point les historiens, pourtant il n'éloignait point cette forme d'appréhension du document aussi autorisée que d'autres et peu la lui connaissaient : « J'avoue que ces " nouvelles " surgissant soudain à travers deux siècles et demi de silence ont secoué en moi plus de fibres que ce qu'on appelle d'ordinaire la littérature [...] si je les ai utilisées c'est sans doute à cause de cette vibration que j'éprouve lorsqu'il m'arrive de rencontrer ces vies infimes devenues cendres dans les quelques phrases qui les ont abattues[17]. »

Qui a le goût de l'archive cherche à arracher du sens supplémentaire aux lambeaux de phrases retrouvées ; l'émotion est un instrument de plus pour ciseler la pierre, celle du passé, celle du silence.

Présence d'elle.

Paris-la-ville, le peuple, puis des visages surgissent de l'archive ; simultanément sous le graphisme des mots apparaît avec netteté celle dont on ne parlait pas, parce qu'on croyait en parler toujours : la femme. La neutralité du genre est déchirée et révèle à cru le jeu des différenciations sexuelles, pour peu qu'on s'en préoccupe.

L'archive parle d'« elle » et la fait parler. Motivée par l'urgence, voici que s'impose un premier geste : la retrouver comme on recueille une espèce perdue, une flore inconnue, en tracer le portrait comme on répare un oubli, en livrer la trace comme on exhibe une morte. Geste utile du collectionneur, mais geste inachevé ; rendre visible la femme, là où l'histoire omettait de la voir, oblige à un corollaire : travailler sur la relation entre les sexes, faire de cette relation un objet d'histoire.

Dans la ville du XVIIIe siècle, la femme est étonnamment présente : elle travaille, se déplace et prend part de façon fluide et naturelle à l'ensemble des activités urbaines. La repérer est un jeu d'enfant, puisque les immeubles, les marchés, les foires et les bords de Seine sont occupés par elle constamment. Souvent migrante comme l'homme, elle arrive de la campagne, seule ou accompagnée, et cherche à s'établir en apprivoisant la ville et ses quartiers.

Il lui faut trouver un logement, en même

temps qu'un travail, et l'archive la suit dans ses pérégrinations. Un incident de rue, un vol d'étal, un carrosse renversé ou une morsure de chien la mettent facilement en scène dans les procès-verbaux et les dépositions ; ainsi la voit-on agir au centre d'une sociabilité fabriquée d'autant de promiscuités difficiles que de solidarités efficaces. L'archive est suffisamment claire et riche pour permettre d'aller au-delà d'une « reproduction » figée de sa personne qui la pétrifierait, telle une gravure d'époque, dans ses gestes comme dans son costume. L'archive, par bribes, en donne une esquisse vivante, où elle s'avère telle qu'en elle-même, c'est-à-dire aux prises avec les aléas de la vie sociale et politique.

Bien sûr, les manuscrits informent d'abord sur ses fonctions dites les plus traditionnelles : promesses de mariage, filles séduites et abandonnées, certificats d'enfants trouvés, disputes conjugales, archives scolaires l'interceptent au cœur de ses heurts et de ses désirs, secouée parfois par la violence du temps, l'agressivité masculine, la misère trop voyante et le simple plaisir de rencontres plus tard déçues. Mais l'archive a ceci de plus qu'elle la surprend non seulement en ses états, mais en ses gestes en train de s'accomplir. Grâce à elle, la femme n'est pas un objet à part, dont on se plairait à exhiber les coutumes et les mœurs, mais un être immergé de façon spécifique dans la vie sociale et politique du temps. Immergée avec le monde masculin, en prenant sa part chaque jour.

Cela permet de dépasser un des handicaps qui ont légèrement grevé le début de l'« histoire des femmes », puisqu'il faut ainsi l'appeler. Son apparition nécessaire dans les recherches et les travaux ressemblait davantage à du savoir en plus qu'à une interrogation sur son interaction dans le monde qui l'entourait.

A trop décrire les femmes, à en faire un chapitre à part de toute thèse bien informée, on n'expliquait rien et laissait croire que de toute façon l'histoire se faisait ailleurs et autrement. On connaissait les femmes, on savait leur existence, on décrivait leurs travaux, leur taux de reproduction, leurs maladies et leurs infortunes, sans les introduire aucunement dans l'événement quel qu'il soit.

L'archive, telle qu'elle existe, ne les isole pas, bien au contraire ; mais à travers rixes et disputes, scènes de rue ou d'immeubles, travaux en ateliers ou en boutiques, on les différencie sans peine, rendant possible une réflexion approfondie sur les rôles masculin et féminin.

Tout d'abord, sommées de s'expliquer devant le commissaire, elles ne s'expriment pas de la même façon que les hommes, et répondent aux questions avec des structures de pensée qui leur sont personnelles. Les différences ne sont pas toujours très visibles dans ces interrogatoires où les réponses sont sévèrement guidées par un questionnement monotone. Mais lorsqu'elles viennent porter plainte, ou qu'elles écrivent un placet, elles disent leur peine ou leur dégoût autrement que les hommes. Cela ne veut pas dire qu'elles utilisent des moyens qu'on croirait traditionnels : le gémissement, l'appel aux sentiments, le besoin de compassion sont rares. Elles préfèrent parler haut et fort, violentes et décidées, sans faire jouer leur faiblesse légendaire, et utilisent pour convaincre tout un jeu de détails qui casse la solennité de la narration, la rendant à la fois plus accessible et plus familière bien que très saccadée. La parole féminine est souvent secouée par le mouvement, rythmée par l'énumération successive et brève des séquences survenues, où l'on perçoit davantage qu'une intégration à la vie collective, c'est-à-dire de véritables fonctions dans la cité.

Grâce à ces paroles archivées, on reconnaît la singulière et efficace connivence établie entre la femme et son milieu de vie : à travers elle le quartier s'anime[18] — fait de rumeurs et de nouvelles transmises par des personnages dont elles connaissent toujours les lieux et les habitudes. Dits par elles, l'immeuble et le marché se devinent fabriqués d'allées et venues, d'errances et d'émigration comme d'hommes et de femmes affairés à en tirer du profit ou du bien-être, à moins qu'ils n'en récoltent du malheur. Hors des structures fixes des communautés de métiers existent des réseaux de sociabilité et de voisinage où les femmes tiennent un rôle de premier plan, faisant fonctionner les solidarités traditionnelles ou émaillant l'espace de disparités et de conflits qu'il faudra plus tard apaiser.

Si l'archive est moins émiettée — c'est-à-dire si les réponses aux interrogatoires forment de courts récits — et qu'à travers elle on reconstitue les événements dont il est possible de retracer le fil, les fonctions se mettent en place, et le jeu du masculin et du féminin, dans toute sa complexité, se solidifie sous les yeux. Au lieu d'être disloquée par des parcelles de descriptions entrevues çà et là, la figure féminine est désenclavée de l'anonymat de la foule, profilée dans toute son épaisseur. Dès lors, s'effacent bien des stéréotypes, et se composent puis s'agencent des distributions de rôles, tout à tour inattendues et contradictoires.

De multiples scènes les rendent visibles : qu'elles soient ordinaires, répétitives ou exceptionnelles. Une attente trop longue au port de Seine où s'embarquent au loin les enfants mis en nourrice les capte par exemple en pleine action. On les aperçoit, semblables à celles qui déposent furtivement l'enfant nouveau-né sur la dalle de l'église, emplies de sollicitude et prêtes à bien des initiatives pour protéger l'enfant. On les revoit plus tard (souvent bien plus tard, puisque certaines mères ne peuvent assurer financièrement le voyage de leurs enfants qu'au bout d'un ou deux ans) sur ce même port, attendant le retour du coche d'eau, guettant leurs initiales sur le linge brodé qui recouvre leur petit, seul signe qui leur permette à coup sûr de le reconnaître.

Lors des visites d'huissier et commissaire chargés de pratiquer des saisies dans des ateliers contrevenants, elles sont là, le plus souvent seules, en pleine négociation et disculpant sans timidité leur époux. Elles font de même quand elles sont la compagne d'un chambrelan[19] découvert par la police : elles défendent ses outils et ses biens avec pugnacité tandis qu'il a habilement déserté l'endroit pour un temps.

Femmes en colère aussi, et déterminées à le rester : dans un village proche de Paris, égrené le long d'une colline, les collecteurs d'impôts sont venus recueillir l'argent dû ; ils arrivent à cheval, surpris de ne voir aucune fumée s'échappant des cheminées. Le village mime la mort, il est vide de toute âme. Au détour du chemin qui lui donne accès, un peu en contrebas, un groupe se devine : en silence, les femmes et les enfants sont assemblés, immobiles, statufiés comme des insectes confondus avec la branche. Interpellées de loin, elles crient qu'elles sont seules, et que les collecteurs doivent passer leur chemin. Ce qu'ils font sans hésitation, se retournant pourtant à trois ou quatre reprises quand ils se sentent suivis par elles, menaçantes, munies de fourches, les enfants sans un cri laissés en arrière. Plus tard, le soir tombé, elles appelleront leurs hommes, cachés là-haut dans les bois non encore défrichés[20].

Elles connaissent leurs pouvoirs, et l'archive les évoque jouant de ce savoir et se coulant par moments dans des rôles attendus pour défendre leur bien ou leur feu. Avec conviction et sans mollesse. Avec sens politique. D'autres scènes les dépeignent en d'autres lieux et dans d'autres circonstances, plus intimes, où jouent contre elles les atouts de leur séduction : la violence des agressions, la soumission obligée font partie de leur quotidien ; et l'avidité idéologique de ces dernières années à les lire plus autonomes que dépendantes ne doit pas masquer ces traits. Le discours tenu sur elles par les hommes du temps est un discours acerbe ; la littérature populaire de l'époque n'est point avare de descriptions forcenées où femme et haine de la femme sont confondues[21]. Dans la bouche de témoins ou de suspects, l'archive, par endroits, reprend ces réquisitoires où la femme prend visage de malheur, de destruction et de mort dévorante. L'archive n'est pas simple ; sa lecture contradictoire entraîne le lecteur là où jouent des systèmes de compensations réciproques, et où se déterminent des attitudes ambiguës, où l'on décèle le fonctionnement de l'affrontement du masculin et du féminin. S'il existe quelque « réel » en ce cas, c'est bien dans cette pluralité des manières de faire, où le désordre n'est qu'apparent. Alors on découvre patiemment des conduites féminines raisonnées, pactisant ou non avec d'autres conduites, masculines cette fois, et dont le raisonnement s'appuie entre autres sur certaines formes d'appropriation du pouvoir.

La scène politique officielle n'appartient pas

aux femmes ; pourtant au XVIIIe siècle, elles ne la quittent pas d'un pouce. L'archive, encore une fois, surprend : dans toutes les émotions populaires, de petite ou grande ampleur, elles sont sur place et participent d'emblée à l'action. Non seulement elles incitent l'homme à s'émouvoir, mais elles sont à l'intérieur de la foule, avec bâtons et cannes, et elles opposent leur rudesse à la police ou aux soldats. Les hommes, alors, ne sont pas étonnés ; certains même les poussent en avant, ou les encouragent à crier du haut des fenêtres, car ils savent et leur puissance et l'habitude qu'ont les autorités de les épargner ou de les peu punir. Cruelles aussi, les voit-on, s'acharnant parfois sur des victimes ; d'ailleurs, sur ces détails morbides, les chroniqueurs sont intarissables, rejetant sans doute sur la femme la violence qu'ils ne veulent pas toujours voir en eux-mêmes[22]. Mais il faut de temps à autre se rendre à l'évidence lorsque de nombreux témoignages concordent sur tel ou tel geste féminin sanguinaire ou barbare ; dès lors, il faut analyser, mettre en relation ces gestes avec d'autres, avec ceux des hommes comme avec ceux proposés par la littérature et qui ont peut-être pu servir de modèle[23]. Ou encore tenter de relier cette férocité féminine, toujours dénoncée, avec le système social et politique dans son entier. Chercher du plus loin à partir de quels mécanismes de manques et de compensations la fureur et le goût de la mort existent chez celles qui d'abord donnent la vie. On peut avancer quelques hypothèses : participer avec opiniâtreté à une émeute tient d'abord de l'évidence. Actives dans leur quartier, rapides à propager les nouvelles, les femmes peuvent aisément inciter au soulèvement sans rupture réelle avec leur fonctionnement quotidien de présence et d'animation. Quant à leur enthousiasme déclaré pour le sang, une fois faite la part de la dénonciation, toujours masculine, ne faut-il pas tenter de le mettre en rapport avec le statut d'impureté et d'inefficacité qui frappe le leur, au moment de l'écoulement menstruel. Si le leur est régulièrement impur et coule sans raison (on ne connaît point encore tout à fait à l'époque le rôle exact du sang dans l'activité féminine de reproduction), n'y a-t-il pas quelque transgression absolue maximale et satisfaisante à voir couler efficacement celui de ceux contre lesquels on se bat ?

C'est à travers le grand puzzle de mots prononcés et d'actions repérées que l'on peut trouver quelques commencements de réponses à des questions, soit difficiles, soit mal posées. Jamais de façon définitive, car, ailleurs sur un autre document, ou plus tard à propos d'autres événements, surviennent d'autres détails interpellant les premiers, produisant d'autres figures cohérentes.

Laissant entrevoir ce que masquent les discours, cassant modèles et stéréotypes pour faire apparaître des conduites diverses, imprévues, voire divergentes, on se trouve parfois loin du concept habituel et si utilisé de la domination et de l'oppression. Mais que les « oublieux » du féminisme ne se réjouissent pas trop vite, l'archive ne renverse pas les schémas. Sous prétexte qu'on y rencontre des femmes travailleuses, décidées et accaparées par le jeu politique, on n'y lit pas forcément de la liberté ou de l'émancipation, dont la présence permettrait de clore avec soulagement le débat sur le masculin et féminin. L'archive, en ne cessant de donner le même, l'autre et le distinct, complexifie l'approche du problème, souligne les oppositions, oblige à réfléchir de façon soutenue sur ce paradoxal xviiie siècle où la femme est amenée à prendre des responsabilités économiques, voire politiques, alors même qu'elle est privée de pouvoirs réels. Cela permet aussi de croiser l'ensemble de ces faits féminins (décisions, résistances, violences, séductions) avec les discours médicaux ou philosophiques tenus sur elle, qui la font à cette époque devenir problème et problématique.

Comparée aux discours, l'archive casse les images toutes faites, et renforce du même coup la réflexion sur la différenciation sexuelle. D'ailleurs le débat sur la raison à l'époque des Lumières ne témoigne-t-il pas de cet extraordinaire rapport de force entre hommes et femmes, où l'on discourt sur le manque de raison des femmes, sans même apercevoir leur évidente appréhension rationnelle des formes du savoir et leur intrusion naturelle dans les logiques des rapports sociaux (la Révolution, on le sait, résoudra le problème à sa façon en les excluant du pouvoir politique) ?

En faisant surgir le détail qui détrompe ou déroute, en rompant d'emblée tout espoir de linéarité et de positivisme, l'irruption des mots et des actes brise les modèles établis, apporte l'écart à la norme, déplace le sens acquis une fois pour toutes et ajoute bien souvent une certaine confusion à ce qu'on pensait simple auparavant. En histoire des femmes c'est une aubaine, car les mille et une facettes contrastées du conflit entre les sexes prennent ainsi davantage de relief. L'intensité du mouvement nourrit cette importante question posée au flanc du passé comme à celui du présent : la différence sexuelle peut-elle se poser autrement qu'en termes d'inégalité, quand bien même on admet que se compose et se décompose constamment un jeu subtilement organisé de libertés et de compensations ?

Le conflit.

L'archive judiciaire, nécessairement, introduit à l'intérieur du domaine saccadé des passions et des désordres : pris à ses mailles, la ville, le peuple, la femme offrent un visage exacerbé. On dit même qu'il est déformé par ce matériau qui le recueille. Mais l'on a déjà élucidé plus haut la nature de ce lien forcé entre paroles et pouvoirs ; pourquoi, à présent, ne pas choisir de prendre une position délibérément offensive par rapport à cette vieille question des sources forcément biaisées dès qu'elles émanent de la justice ? En décidant simplement que l'antagonisme et la discorde sont aussi des moyens d'explicitation du social. Avec d'autant plus de conviction aujourd'hui qu'un certain air du temps semble en faire fi abusivement. Après l'essor de l'histoire des mentalités focalisant son objet sur la vie quotidienne et le monde des sensibilités, la discipline historique a pu développer avec enthousiasme des thèmes négligés concernant la vie privée, tels l'habitat, le costume, l'alimentation, la sexualité ou la maternité par exemple. Dans le sillage d'une anthropologie en plein essor, ces thèmes se sont épanouis avec d'autant plus de vigueur qu'ils déconstruisaient de précédents édifices, trop engoncés dans leur système et leur idéologie : là où le nombre faisait loi, se libérait enfin la démesure du singulier et de l'intime ; là où une lecture marxiste apportait de trop lourdes grilles d'interprétations, l'historien s'échappait vers le monde déserté des habitudes culturelles, des manières d'être et de faire. Simultanément, s'opérait un insensible glissement : trop préoccupé de quitter les rives chargées du marxisme, l'historien ne s'est peut-être pas rendu compte qu'il occultait souvent l'univers des conflits et des tensions, des luttes et des rapports de force, univers qui constitue la toile de fond sur laquelle se greffent comportements, pratiques et affectivités. Non pas qu'il omît de décrire les différences sociales, mais qu'il ne choisît point d'en faire un des ressorts de son argumentation. D'ailleurs, le découpage de l'objet historique n'induisait-il pas petit à petit ce manque ?

Émiettée, difficilement apte à restituer l'intensité des rapports sociaux, l'histoire des mentalités a été peu à peu remplacée par une histoire événementielle relativement classique, émaillée d'une histoire des idées que l'on dit rajeunie. Le grand débat intellectuel sur la culture populaire a fait place à une sorte de consensus tacite sur la notion de « cultures partagées », dont peu de monde se demande à l'heure actuelle comment se sont effectivement opérés les partages, et s'il ne serait pas temps de reposer la question de leurs configurations. Le moins qu'on puisse dire est qu'ils sont bien souvent inégaux... et qu'ils se sont rarement agencés dans le respect d'autrui, laissant presque toujours entrevoir le désir de domination d'un groupe sur l'autre.

Le désaccord et l'affrontement sont au centre des sources de police : pourquoi ne pas en tirer avantage pour faire du dérangement et des ruptures une grammaire permettant de lire comment des existences s'y sont tour à tour forgées, niées ou défaites. On peut difficilement séparer l'histoire des hommes de celle des relations sociales et des antagonismes ; on peut aussi affirmer que certains groupes sociaux en sont venus à exister du seul fait d'avoir lutté. De même, des affrontements de groupe à groupe, de sexe à sexe ou de peuple à élites ont-ils créé des moments d'histoire qui en ont transformé le cours et dont les formes sont à élucider. Sans compter qu'une histoire des rapports de force est aussi celle qui peut faire le compte des souffrances et des tromperies, des illusions et des espoirs. L'histoire doit savoir les prendre en charge, en mesurer le pathétique, en penser l'innommable. Le conflit est un lieu de naissance, et ce qui advient après lui a rarement à voir avec ce qui se passait avant lui. Même minime ou dérisoire, voire rituel, le conflit est une fêlure qui trace des « ailleurs » et crée de nouveaux « états ». A l'historien non seulement d'en faire le récit, mais de l'instituer en moteur de sa réflexion, source de son propre récit.

Par moments, l'archive miniaturise l'objet historique : si elle donne la mesure et l'ampleur de grands mouvements sociaux (comme les grèves, les émeutes, les phénomènes de mendicité ou de criminalité), elle isole comme le ferait un microscope l'exercice des passions personnelles. Dans les mots retenus par les documents, la vindicte, la gesticulation, la haine et la jalousie font leur apparition, figurant dans la dramaturgie du réel au même titre que l'amour et le chagrin. Cela oblige à ne point omettre cette part d'ombre, ce goût de la destruction et de la mort qui habitent l'homme ; cela oblige à ne pas laisser de côté cette « insociable sociabilité de l'être » où l'intérêt des uns pour l'asservissement des autres, la ruse et le mensonge s'empoignent sans merci avec ce goût pour davantage de liberté et de concorde : « La tragédie humaine s'inscrit dans le désaccord fondamental des êtres avec leur propre chair. Écrire l'histoire, c'est dresser le constat de ce désaccord[24]. » Entre outrage et pardon divaguent les mots ; à travers des vies de rien, on entend la part inaudible — parfois ignoble — de l'humain, tandis qu'on surprend l'insistante mélodie des bonheurs tentés et des dignités conquises.

Le goût de l'archive s'enracine dans ces rencontres avec des silhouettes défaillantes ou sublimes. Obscure beauté de tant d'existences à peine éclairées par les mots, s'affrontant à autrui, aussi prisonnières d'elles-mêmes que défaites du temps qui les abrite.

Elle vient d'arriver

Elle vient d'arriver ; on lui demande une carte qu'elle n'a pas. On lui dit alors de retourner sur ses pas, dans l'autre pièce, pour faire établir un laissez-passer pour la journée. Là, on l'invite à présenter une autre carte que cette fois elle détient. Elle prend possession du laissez-passer, retourne d'où elle vient, la tend au président de salle qui la prend. Elle attend qu'il lui donne un numéro de place, mais il ne relève pas la tête. Elle demande alors tout bas où se placer. Le président exaspéré lui donne l'ordre de se mettre où elle en a envie, sauf au premier rang réservé aux manuscrits les plus anciens. Elle obéit, choisit, pose son sac, cherche une feuille, s'assoit. Le président la rappelle immédiatement et toutes les têtes de la salle se lèvent en même temps. Il lui demande de donner son numéro de table. Elle revient le lui dire après un petit moment mis à découvrir l'endroit où se trouve inscrit le numéro de sa place. Il lui donne une fiche de plastique rose portant le même numéro que sa table. Elle y retourne. Le manuscrit dont elle a besoin et dont elle connaît la cote ne peut être livré par un magasinier à blouse grise que si elle remplit une fiche blanche. Elle ne sait pas où sont les fiches et ne voit rien qui les signale. Elle observe en silence. Elle les aperçoit dans un panier d'enfant en plastique vert, dans la première salle où on lui a demandé pour la deuxième fois une carte. Elle s'y dirige, en prend une, retourne à sa place, sort un stylo pour la remplir en double exemplaire. Elle devine qu'il faut déposer cette fiche quelque part et repart d'un même pas vers le panier d'enfant de la première salle. Ce n'est pas ici ; il lui faut aller maintenant vers un petit bureau, derrière lequel se tient un homme, aussi en blouse grise. Il veut bien de sa fiche, mais il s'enquiert aussi de son carton de plastique rose. Cela lui donne un peu de mal de retrouver sa table, mais elle aperçoit très vite le plastique rose laissé sur ses papiers. Elle ramène le tout, fiche blanche en double et plastique rose à l'homme gris qui lui confie en retour un carton bleu vif portant le même numéro que le rose. Elle revient à sa place, s'assoit et ne s'occupe plus que d'une seule chose, savoir si, pour sortir, il sera nécessaire de suivre en sens inverse le labyrinthe déjà parcouru ou si le dédale de retour n'a rien à voir avec celui de l'aller. Un court frisson entre les épaules lui rappelle qu'elle est en fait venue ici pour consulter un manuscrit.

*

Elle fait certainement exprès de marteler le parquet avec ses hauts talons démodés, coincés à chaque instant entre deux lattes mal ajustées. Pourquoi dès l'ouverture s'obstine-t-elle à opérer plus de cinq aller et retour infructueux entre sa table et les rayons où sont disposés les volumes de la grande Encyclopédie ? Pourquoi ne se décide-t-elle jamais à se poser quelque part, en ces débuts de matinée ?

Quand mettront-ils sur le plancher une moquette avalant silencieusement les pas ? Même de vilaine couleur et de qualité moyenne, cela soulagerait sûrement tout le monde.

Sans arrêt, il joue avec sa chevalière de la main gauche. Le cliquetis régulier de l'or contre l'ongle agace les dents et devient si crispant que le vrombissement des automobiles sur le boulevard apporte un vrai réconfort.

Pire encore, l'agitation de cette jeune femme depuis un mois ; toujours assise à la même place, elle feuillette à toute allure l'œuvre d'un philosophe en 15 volumes. Elle ne prend ni le soin de ralentir ni celui d'accélérer, chaque page tournée blesse l'oreille, coupe le souffle ; elle est loin pourtant d'avoir terminé la lecture de l'ouvrage...

Aujourd'hui, il est enrhumé, ce voisin aux cheveux cendre, perdu dans des manuscrits sibyllins où il cherche à coup sûr la pierre philosophale. Cela fait dix fois qu'il renifle, doucement, consciencieusement. D'ailleurs, il est très consciencieux, connu pour cela comme pour sa gentillesse : il est quasi certain qu'il n'arrêtera pas de renifler. On se prend à guetter anxieusement ses deux mains : si l'une d'entre elles au moins glissait dans sa poche pour en exhumer un mouchoir, la vie deviendrait légère.

Sauf, bien entendu, si le président de salle était subitement pris de ses interminables toux sifflantes qui déchirent l'air et le mettent de fort mauvaise humeur, le faisant même rechigner sur la lumière électrique, rendue coupable de menacer la bonne conservation des manuscrits. La salle est noire.

Le silence d'une salle d'archives est plus violent que n'importe quel brouhaha de cour d'école ; sur fond de recueillement d'église, il découpe, isole impitoyablement les gargouillements des corps, ce qui les rend à la fois agressifs et pernicieusement anxiogènes. Une respiration un peu forte s'apparente vite à une soufflerie agonistique, tandis qu'une légère habitude (se masser le nez en signe de méditation intense par exemple) se transforme en tic monstrueux, à soigner de toute urgence en hôpital psychiatrique. Tout s'amplifie sans mesure, et sans raison, dans ces espaces clos, et le même voisin peut aussi bien se muer en char d'assaut de la guerre de 14 qu'en sourire de Reims. On assure d'ailleurs qu'il y a des gens qui travaillent depuis des années un sourire interminable au coin des lèvres ; ce détail plaisant, voire aimable, peut finir par pétrifier le plus patient des lecteurs qui cherchera désespérément un moyen discret de voir s'effacer ce rictus. L'étrangeté (un inoffensif verre d'eau ostensiblement posé sur la table où vient de s'installer un chercheur américain), la moindre allure inhabituelle, le geste ordinairement sans importance (une voisine tortillant nerveusement une vilaine mèche rougeâtre) prennent dans ces lieux un tel relief qu'ils confinent au fantastique, peuplant la salle de lecture d'individus exotiques dont aucune ethnologie ne pourra rendre compte, ou d'êtres dévastés par

65

la folie rassemblés là pour faire le malheur d'un seul.

Celle qui regarde et écoute ce paysage de catastrophe sait que son lacet de chaussure défait est en passe d'obnubiler son voisin au point de lui faire croire à une vipère. Un voisin n'est pas un ennemi, mais tout voisin a de quoi intriguer. Les documents qu'il consulte donnent, par exemple, furieusement envie de deviner ce sur quoi il travaille, à moins qu'un détail de sa personne ne retienne machinalement l'attention. Le silence d'une salle d'archives est fabriqué de regards qui s'attardent sans voir ou dévisagent en aveugles. Personne n'échappe à cette errance des yeux, pas même le plus obstiné des lecteurs au visage obscurci de travail. Les longues travées studieuses où se courbent les dos et où se trahissent les gauchers n'ont guère de choix pour se reposer de leur effort. Le répit se prend sans y penser, insensiblement l'œil s'attarde sur un visage inconnu, s'incruste sur une pommette ou une boucle défaite. L'insistance d'un regard fait souvent lever la tête, les yeux profondément se croisent sans raison mais sans se détacher trop vite. Se détourner d'un seul coup est une réponse, maintenir le regard est un enjeu.

Dans les salles d'archives, les chuchotements rident la surface du silence, les yeux se perdent et l'histoire se décide. La connaissance et l'incertitude mêlées sont ordonnées dans une ritualisation exigeante où la couleur des fiches, l'austérité des archivistes et l'odeur des manuscrits servent de balises à un monde toujours initiatique. Au-delà du mode d'emploi, toujours ubuesque, se trouve l'archive. Dès lors commence le travail.

Les gestes de la collecte

Ce qui a été écrit ci-dessus peut, pour certains, témoigner d'une manière naïve et démodée de considérer l'archive. Cette façon passionnée de construire un récit, d'établir une relation au document et aux personnes qu'il révèle, peut apparaître comme le vestige d'exigences à présent disparues ne correspondant plus à une époque intellectuelle à la fois plus traditionnelle — voire conservatrice — et moins attachée à la description du quotidien. Quel attrait reste-t-il à l'archive quand tout, ou presque, a déjà été dit par d'autres sur la beauté du geste, le dialogue avec les morts, la prise en compte des anonymes et des oubliés de l'histoire[25] ? Quand, à l'heure actuelle, ces façons d'appréhender le passé prêtent à sourire, ou au mieux font figure de vestiges dans une historiographie à propos de laquelle réfléchissent savamment certains intellectuels ?

L'attrait, on le devine, demeure. L'inclination pour elle n'est pas à confondre avec une mode qui deviendrait ensuite caduque ; elle est tissée d'une conviction : l'espace tenu par la conservation des archives judiciaires est un lieu de paroles captées. Il ne s'agit pas d'y découvrir, une fois pour toutes, un trésor enfoui, offert au plus malin ou au plus curieux, mais d'y voir un socle permettant à l'historien de rechercher d'autres formes du savoir qui manquent à la connaissance.

L'archive n'est pas un stock dans lequel on puiserait par plaisir, elle est constamment un manque. Un manque semblable à ce qu'écrivait Michel de Certeau à propos de la connaissance, lorsqu'il la définissait ainsi : « Ce qui ne cesse de se modifier par un manque inoubliable. » Les liasses de plaintes ont beau exister par milliers, les mots à recueillir ne sembler jamais pouvoir être épuisés, le manque, paradoxalement, oppose sa présence énigmatique à l'abondance des documents. Les phrases recopiées par le greffier donnent l'illusion de pouvoir tout connaître, et c'est un leurre ; leur profusion n'est pas synonyme de connaissance. Elle est à l'évidence ce qui devrait persuader l'historien que les indices ici rassemblés sont à la lettre inqualifiables, et qu'il est lui-même peu capable d'entendre les raisons de ceux qui se sont trouvés immobilisés dans le document. Au XVIIIᵉ siècle, l'archive ne manque pas, elle crée du vide et du manque qu'aucun savoir ne peut combler. Utiliser l'archive aujourd'hui, c'est traduire ce manque en question, c'est d'abord la dépouiller.

« Dépouiller ».

Le contact avec l'archive commence par des opérations simples, entre autres la prise en charge manuelle du matériau. Le dépouillement — terme joliment évocateur — oblige à quantité de gestes, et l'opération intellectuelle décidée au départ, aussi complexe soit-elle, ne peut en aucun cas les éviter. Ils sont familiers et simples, épurent la pensée, rabotent l'esprit de sophistication et aiguisent la curiosité. Ils s'accomplissent sans hâte, obligatoirement sans hâte ; on ne dira jamais assez à quel point le travail en archives est lent, et combien cette lenteur des mains et de l'esprit peut être créatrice. Avant même d'être créatrice, elle est inéluctable : les liasses n'en finissent pas d'être consultées les unes après les autres ; même limitées en quantité par des sondages préparés à l'avance et calculés au plus juste, elles demandent au lecteur une grande patience.

Patience de la lecture ; en silence le manuscrit est parcouru des yeux à travers bien des obstacles. On peut buter sur la défectuosité matérielle du document : les coins grignotés et les bordures abîmées par le temps avalent les mots ; ce qui est écrit en marge (inspecteurs et lieutenants de police annotent facilement le document qu'ils reçoivent d'un observateur ou d'un commissaire) devient souvent illisible, un mot manquant laisse le sens en suspens ; parfois le haut et le bas du document ont subi des dommages et les phrases ont disparu, à moins que ce ne soit à la pliure (bien des documents ont été envoyés par missives au lieutenant général ou à tout autre) que se constatent des déchirures, donc des absences.

Les intempéries ne sont pas bonnes conservatrices : aux Archives de la Bastille[26], certains documents ont séjourné dans des caves humides et ont absorbé les infiltrations de pluie avant d'être précieusement réinventoriés et classés. Cela donne une lecture difficile, et des mots glissés, effacés ou à demi effacés : l'estompe du temps a déposé son voile. Il arrive aussi que le document conservé ait été directement arraché du support initial qui le maintenait en état, comme ces pamphlets et injures décollés des murs de la ville par une police du XVIIIᵉ siècle attentive à ne rien laisser traîner dehors de subversif. A la Bibliothèque de l'Arsenal, un carton contient quelques-uns de ces lambeaux d'affiches interdites. On peut, si l'on veut, parler d'épaves, bien que le terme ait une connotation trop funèbre pour tant de joyeuses élucubrations et d'obscènes gaillardises. En ouvrant le carton[27] et en répandant sur la table des mots interdits collés en hâte sur les façades urbaines, on entreprend un voyage baroque au pays des dénonciations, des invectives, des mesquineries et des espoirs politiques. Pamphlets en miettes, déchirés par le goût de la censure, usés par le temps, ils ont en général été recueillis pour que soient poursuivis leur flopée d'auteurs clandestins, disséminés dans la cité. Aujourd'hui, ce sont de piètres pièces à conviction, toutes en dentelles.

Certaines sont imprimées et soigneusement composées, ornées de gravures ; la plupart sont manuscrites, écrites en lettres majuscules faites de grands bâtons raides, pour que l'écriture n'en soit pas reconnue. C'est la petite foule des anonymes dénonciations vengeresses, des calomnies audacieuses et âpres, cherchant à dénigrer le voisin, ou bien plutôt la femme de celui-ci, cible à la fois plus facile et plus adéquate. Écrites d'une plume bancale sur du mauvais papier, elles gardent, malgré le temps, de la hâte, de la haine et de la maladresse ainsi qu'une improbable orthographe phonétique. Toutes ou presque ont retenu des stigmates de leur séjour mural : à fleur de doigts, se perçoit le rugueux du grain de la pierre resté accroché à la colle d'autrefois plutôt grossière et farineuse. Souvenir digital de l'archive.

Il est des manuscrits parfaitement conservés et lisibles, mais à la lecture difficile. En général, l'écriture du XVIIIe ne présente pas les mêmes difficultés d'interprétation que celles de la fin du XVIe ou du début du XVIIe ; toutefois surviennent des obstacles imprévisibles. Une simple affaire dite criminelle[28] a, de ce fait, longuement retenu notre attention. Intéressante par son contenu, elle place immédiatement le lecteur dans une situation d'étrangeté : le document, quoique bien écrit, est en lui-même illisible par le seul parcours des yeux. On est en 1758, un an après l'exécution de Damiens, régicide de Louis XV : le fait divers a rendu la mort du roi possible, et l'imaginaire social s'éprend de cette part inaudible et refoulée[29] du corps social. Un domestique de moyenne maison, Thorin, bouleversé par la mort de sa maîtresse, Mme de Foncemagne, se réveille la nuit, défait, pour l'avoir entendue lui donner des ordres de jeûne et de prières et lui confier un secret. A ses amis domestiques, qui n'entendent et ne voient rien de tout cela, il certifie qu'il a « vu et entendu », et, simultanément, il devient sourd et muet. Depuis cette nuit de novembre 1758 où bascule sa vie, Thorin répond par écrit aux interrogatoires des juges, évêques et médecins, après avoir pris connaissance, par écrit, des questions à lui posées.

L'affaire est d'importance, car Thorin révèle son secret : on lui a ordonné d'assassiner le roi, et, pour preuve de cet ordre monstrueux, le voici sourd et muet. L'affaire dure vingt ans, Thorin est embastillé pendant tout ce temps, jusqu'à ce que la folie le gagne tout à fait. C'est une très longue histoire, aux développements riches d'intérêt pour ceux qu'intéresse la notion d'ordre public confrontée à l'imaginaire collectif d'une société en rupture avec ses rois.

Longue histoire, par ailleurs difficile à déchiffrer : Thorin, en effet, écrit des centaines de pages, au cours de ces vingt années d'enquête et d'emprisonnement. Il écrit comme il parle ; il n'écrit donc pas, mais reproduit sur le papier les sons qui composent les phrases. Non pas les sons qui composent les mots, ce serait trop simple, mais ceux qui composent phrases ou morceaux de raisonnement. Pas de ponctuation bien entendu, mais surtout des coupes, des espaces blancs inattendus entre deux syllabes d'un même mot, ou bien des rattachements désordonnés, hors de l'espace balisé de l'orthographe.

La surprise est totale, la lecture difficile, impossible même : les yeux ne servent à rien ; pour parvenir à déchiffrer, il faut prononcer à mi-voix, chuchoter ces morceaux écrits. Cela en pleine salle de lecture, dans l'habituel silence qui sied à ces endroits. L'expérience est extravagante, non par la rupture de silence qui fait retourner les têtes des voisins, mais par cette venue du sens, son après son, comme s'il s'agissait d'une partition musicale, comme si le son offrait aux mots leur sens. Le rythme est syncopé, les coupures n'ont pas lieu aux endroits convenables, les liaisons sont transcrites. Rien ne ressemble à rien, si ce n'est qu'en articulant, la bouche délivre l'écrit de son opacité : « fau il fe re direse tou levin oui une maisse pour le sarme du bougatoire jenay gamay conu votre a ta chemant juqua prisan. Je vous pri de me laisé antrepar sone de ma conaysanse » (il faut faire dire tous les 28 une messe pour les âmes du Purgatoire, je n'ai jamais connu votre attachement jusqu'à présent, je vous prie de me laisser entre personnes de ma connaissance). Plus loin, une longue confession écrite de Thorin oblige au même exercice : « Jamais ne pou ra dir que jaye faissa pour fair de la peineamoumaître ou ames canmarad, a tendu que dé le premier moman je dis à levec de Soison que je ne croyé pa qui fus person de la moisson que sa fesoi des forbrave gen et que jeneudé jamai di dumal [...] Je me pansé a un crime si gran que jene vouloi dir que poremi mon ameandagé dabitere avec ste femme ; le mal n'est pas si gran couche avec une fame mais un pauvre domaisse qui done dans les fame il se exposé a bien déchos. » (Jamais je ne pourrai dire que j'ai fait cela pour faire de la peine à mon maître ou à mes camarades, attendu que dès le premier moment je dis à l'évêque de Soissons que je ne croyais pas que ce fut personne de la maison que c'était des fort braves gens et que je n'en ai jamais dit du mal [...] Je n'ai jamais pensé à un crime si grand que je ne voulais dire que j'aurai mis mon âme en danger d'habiter avec cette femme, le mal n'est pas si grand de coucher avec une femme mais un pauvre domestique qui donne dans les femmes s'expose à bien des choses.) Dans son délire, Thorin s'inquiète d'avoir été puni par Dieu pour avoir aimé une femme mariée.

Souvenir sonore de l'archive ; rappel évident du rôle de l'intonation de la voix, si important par exemple dans la littérature orale. Ces pages écrites par Thorin retiennent une voix, une intonation, un rythme : elles découvrent une culture sonore comme peu d'archives peuvent en libérer. Thorin est peut-être illettré, pourtant la médiocrité calligraphique de ses écrits transmet ce qu'aucun texte ne peut donner, la façon dont il était prononcé, articulé.

Ainsi faut-il déchiffrer d'abord, avec ces gestes lents, où les mains et les yeux font effort. Quand ce n'est pas trop difficile, cela ne reste pas aisé, car les pièces de procédure sont longues et les interrogatoires débutent obligatoirement par de sempiternels énoncés juridiques. Quant aux notes de police, elles sont obscures ou s'étalent largement dans de marécageuses digressions. L'essentiel n'apparaît jamais d'emblée, à moins d'une découverte exceptionnelle ; il faut donc lire, lire encore, embourbé dans un marais qu'aucune risée ne vient distraire sauf si le vent se lève. Cela arrive parfois, au moment où on s'y attend le moins.

A partir de cette lecture obstinée, s'organise le travail. Pas question de dire ici comment il faut le faire, mais simplement comment il arrive qu'on le fasse. Il n'existe pas de travail type ou de « travail-à-faire-ainsi-et-pas-autre-ment », mais des opérations qu'on peut raconter souplement, en prenant de la distance sur cette manie quasi quotidienne « d'aller aux archives ».

Cela commence tout doucement par des manipulations presque banales sur lesquelles il est finalement rare de réfléchir. Pourtant, en les accomplissant, se fabrique un objet nouveau, se constitue une autre forme de savoir, s'écrit une nouvelle « archive ». En travaillant, on réemploie des formes existantes, appliquée à les réajuster autrement pour rendre possible une autre narration du réel. Il ne s'agit pas de recommencer, mais de commencer une nouvelle fois, en redistribuant les cartes. Cela se fait insensiblement, en juxtaposant toute une série de gestes, et en traitant le matériau par jeux simultanés d'opposition et de construction. A chaque jeu correspond un choix, prévu, ou survenant subrepticement, quasiment imposé par le contenu de l'archive.

Jeux de rapprochement et d'opposition.

Une fois lue, l'archive d'abord se met à part[30], par le seul geste de copie ou de photocopie. On peut mettre à part en rassemblant le même, en collectionnant ou au contraire en isolant, et tout dépend de l'objet étudié.

S'il s'agit d'étudier par exemple un certain

type de criminalité ou de délit, le geste premier consiste à le sortir du lot, à l'intérieur d'une période définie à l'avance. Si l'on choisit d'étudier plutôt un thème large (la femme, le travail, la Seine…), il est d'abord nécessaire d'extraire de tout document ce qui ressortit à l'objet. On peut alors traverser de longues séries de documents (notes de police, plaintes ou conflits de corporation) et isoler ce dont on a besoin. C'est une manipulation légèrement différente de la première décrite ; de toute façon, une forme naît par accumulation ; elle s'étudie dans le détail, sans oublier d'établir des différences possibles avec d'autres thèmes.

Le travail est simple ; il consiste à dépouiller, puis à recueillir un certain genre de documents : la série, ainsi organisée, sert d'objet de recherche. Apparemment enfantins, ces gestes détournent une première fois le réel, ne serait-ce que par l'opération de classement qu'ils exigent, et la focalisation expresse sur le thème bien particulier (ivresse, vol ou adultère) crée un regard spécifique qui mérite explication, car l'espace se redistribue forcément à partir de l'objet recherché.

L'analyse renvoie souvent à autre chose qu'à elle-même : on peut par exemple choisir d'étudier le délit de jeu en estimant que cette activité du XVIIIe siècle servira à comprendre les relations entre la police, le monde des libertins, l'aristocratie et les finances ; ou bien, on peut examiner un type bien particulier de vol, parce qu'on le pense représentatif des préoccupations d'un siècle et que l'on désire approfondir des phénomènes de pauvreté et de misère. On peut s'attarder sur les bagarres de rues et les rixes de cabaret en testant l'hypothèse selon laquelle la violence est une des clés de la société urbaine, ou bien prendre en compte le crime d'adultère pour affiner l'étude des relations entre le masculin et le féminin. Quel que soit le but, la recherche dans ce cas s'effectue à partir du même, de l'identique apparent, et la collection de textes recueillis sera ensuite traitée en essayant de briser le jeu des ressemblances pour trouver du dissemblable, voire du singulier.

Recueillir.

En pleine collecte, il n'y a guère moyen de laisser tomber des informations, car l'important est de détenir l'ensemble des données sur la question, bien sûr dans des limites chronologiques spatiales préalablement établies. En revanche, pour sélectionner le même, le regard ne peut s'empêcher de s'attarder sur le différent, ne serait-ce que pour savoir s'il n'a point à s'en préoccuper.

C'est souvent, à propos de ce parcours rapide, que surviennent les surprises : une archive inattendue, hors du champ qu'on s'est donné, vient bousculer la monotonie de la collection. Différente, bavarde ou suggestive, elle offre par sa singularité une sorte de contrepoids à une série en train de s'établir. Elle divague, diverge, ouvre sur de nouveaux horizons de connaissance, apporte quantité d'informations qu'on ne pouvait guère espérer dans le flot habituel du dépouillement. Cela peut prendre toutes sortes de formes, les unes cocasses, les autres instructives ou les deux à la fois. Il a fallu un jour rechercher, dans la série Y des plaintes devant commissaires faites au Petit Criminel (conservées aux Archives nationales), tout ce qui concernait les faits de violence entre 1720 et 1775. Un sondage décidé d'avance obligeait à dépouiller un mois de plaintes dans chacune des années choisies. Classées chronologiquement, ces plaintes n'en finissaient pas d'être effeuillées, et les violences ainsi recueillies commençaient à constituer de longues listes, en même temps qu'elles remplissaient de nombreuses fiches. Entre deux plaintes, un matin de lassitude, le papier sembla différent au toucher. Souvenir tactile de l'archive.

La sensation avait précédé le regard ; d'ailleurs, le papier n'était point du même format que tous ceux précédemment consultés. Rupture du geste et de la copie en cours. C'est une lettre, une lettre égarée : la lire machinalement, par habitude de poser les yeux sur du papier délavé. On comprend qu'il s'agit d'une lettre écrite par un commissaire à un de ses collègues.

Sourire et étonnement ; on lit : « mon cher ami. je suis pas cruel. si ta petite femme ne l'était pas plus que moi tu serais cocu dès ce soir car je t'avouerai qu'elle met terriblement la nature en mouvement chez moi et je ne doute pas qu'elle produise le même effet chez les autres. je plaisante mais parlons sérieusement. je ferai mon possible pour me rendre ce soir chez toi de bonne heure. tu m'as prévenu un peu tard et j'ai plus de trente invitations pour aujourd'hui. Adieu. Tu embrasses bien ta petite femme pour moi, quand je lui vole des baisers, je les prends toujours sur le menton ou sur les yeux ou sur la joue mais toi coquin tu as le canton de réserve. un baiser, mille baisers sur la joue ou les yeux de ta femme valent-ils la moitié de ceux que tu cueilles sur sa bouche. diable m'emporte, j'aime cette bouche, adieu[31]. » Baisers volés, lettre non datée, cote Y 13728 ; tout de suite recopier un à un les termes de ce message mi-amical, mi-polisson. Inclassable ce texte, et pourtant si précieux. Plus tard, oui plus tard, on se demandera si ce genre de missive alerte est ou non un objet culturel, une façon ordinaire de s'adresser à autrui, dans ce XVIIIe siècle aux lueurs libertines. Rien ne presse encore et peu importe aujourd'hui à quoi servira l'archive ; l'urgent est de recueillir cette parole vive, non datée, suspendue entre de très sérieuses affaires de police. Mutine archive.

Plus tard, on avait décidé de mettre à part les archives d'un commissaire d'un quartier très populaire (le commissaire Hugues, quartier des Halles[32]) et d'étudier exhaustivement ses notes et sa collection de plaintes, d'informations et de sentences, cela pour mieux comprendre les phénomènes de sociabilité parisienne, pendant toute la durée de son exercice professionnel, c'est-à-dire entre décembre 1757 et juin 1788. Trente et une années. Ici, rien à séparer, mais tout à engranger minutieusement ; là encore, une infinité de plaintes, et l'abrutissement qui guette.

Un petit « cadeau d'archives » survient de surcroît : à la date du 18 janvier 1766[33], plainte est portée à propos d'une dispute, place des Victoires, entre un maître et un cocher de fiacre, dont l'un des chevaux a été blessé d'un coup d'épée. On y apprend que Paul Lefèvre, cocher de place, a vu « un cabriolet attelé d'un cheval dans lequel il y avait un monsieur qu'il a appris être le marquis de Sade et son domestique » ; et qu'il s'est arrêté pour laisser descendre son client, ce qui empêchait le cabriolet de continuer sa route. S'en est suivie une dispute ; le marquis de Sade, descendu lui-même, porte des « coups d'épée sur les chevaux et une pointe dans le ventre d'un cheval ».

L'affaire se règle à l'amiable : le marquis de Sade — puisque c'est bien de lui qu'il s'agit — paie 24 livres pour le « paiement du cheval blessé » et le temps de sa guérison. En bas de la pièce judiciaire, est apposée la signature du marquis. Inattendu plaisir de soudain rencontrer Sade englué place des Victoires, entre un cocher et son cabriolet ; sorte de saisie au vol d'un personnage appartenant d'abord à la littérature et aux fantasmes. Voici le marquis saisi dans ce qui fit sa réputation : violence gratuite, la pointe de l'épée flanquée dans le ventre d'un cheval qui n'en pouvait mais. Ce détail sans importance confirme si bien le caractère maudit du personnage qu'on en vient à douter de cette trop belle trouvaille, de cette coïncidence surprenante.

On pourrait évidemment citer beaucoup d'autres exemples de ce genre, trouvés au hasard, faisant dévier la route balisée des dépouillements, mais il faut aussi ajouter combien l'archive n'a pas forcément besoin d'être cocasse pour dévoyer le chercheur. Il est des documents « paisibles », ordinaires, qui égarent et emmènent là où on n'avait guère décidé d'aller ni même de comprendre. C'est peut-être cela se laisser imprégner par l'archive, rester suffisamment disponible aux formes qu'elle contient, afin de mieux relever ce qui *a priori* n'est pas remarquable. On peut rétorquer à cela que l'imprégnation n'est guère une méthode scientifique, que le mot lui-même est d'un flou bien naïf, et qu'à ce jeu presque infantile des défauts d'interprétation peuvent aisément se glisser dans la recherche. Bien sûr. Envie pourtant de répondre par une métaphore, tout en sachant qu'on aggrave son cas : l'archive ressemble à une forêt sans clairières ; en y demeurant longtemps, les yeux se font à la pénombre, ils entrevoient l'orée.

Pièges et tentations.

Cela vient insensiblement, sans presque y prendre garde ; la prédilection pour l'archive peut devenir telle qu'on ne s'en méfie pas, qu'on n'aperçoit ni les pièges qu'elle tend ni les risques pris à ne pas lui imposer une certaine distance.

Une vie ne suffirait pas à lire la totalité des archives judiciaires du XVIIIᵉ siècle ; au lieu de décourager, cette évidence stimule l'envie de la consulter y compris dans le désordre, ou même sans but défini. Pour le plaisir d'être étonnée, pour la beauté des textes et l'excès de vie offert en tant de lignes ordinaires. Le désir de ne pas oublier ces histoires de vie et de les communiquer n'est sans doute pas un grave défaut. Il y a tant de bonheur à accumuler une infinité de précisions sur des milliers d'anonymes disparus depuis longtemps, qu'on en oublie presque qu'écrire l'histoire relève d'un autre exercice intellectuel où la restitution fascinée ne suffit pas. Entendons-nous bien malgré tout : si cette dernière ne suffit pas, du moins est-elle le terreau nécessaire à partir duquel on peut fonder de la pensée. Le piège se limite simplement à cela : être absorbée par l'archive au point de ne même plus savoir comment l'interroger.

A quelque projet qu'on obéisse, le travail en archives oblige forcément à des opérations de tri, de séparation des documents. La question est de savoir quoi trier et quoi abandonner. Il arrive parfois que, en raison de ses hypothèses, l'historien ait déjà choisi ce qu'il allait recueillir et mettre à part ; à n'en pas douter, cela lui retire de la disponibilité, c'est-à-dire cette aptitude à engranger ce qui ne semble pas immédiatement nécessaire et qui, plus tard — sait-on jamais —, pourrait s'avérer indispensable.

Comment décider entre l'essentiel et l'inutile, le nécessaire et le superflu, un texte significatif et un autre qu'on jugera répétitif ? Il n'y a pas de bonne méthode à vrai dire, ni de règles strictes à suivre lorsqu'on hésite sur le choix d'un document. La démarche est en fait semblable à celle du rôdeur [34], cherchant dans l'archive ce qui y est enfoui comme trace positive d'un être ou d'un événement, tout en restant attentif à ce qui fuit, ce qui se soustrait et se fait, ce qui se remarque comme absence. Présence d'archive et absence d'elle sont autant de signes à mettre en doute, donc en ordre. Sur ce chemin peu frayé, il faut se méfier d'une identification toujours possible avec les personnages, les situations ou les manières d'être et de pensée que les textes mettent en scène. « Identification », cela signifie cette façon insensible mais réelle qu'a l'historien de n'être attiré que par ce qui peut conforter ses hypothèses de travail décidées à l'avance. A moins qu'il ne s'agisse de cet étrange hasard où ne se découvre que ce que l'on cherche et qui, miraculeusement, semble s'ajuster au désir initial et profond de l'historien. Il y a mille façons sournoises de s'identifier à un objet d'études. Cela peut aller jusqu'à ne reconnaître de différences, d'exceptions ou de contradictions que pour mieux souligner la beauté de l'hypothèse de départ qu'on rêve depuis longtemps d'établir solidement. Cette symbiose aveuglante avec l'objet choisi est dans une certaine mesure inévitable, confortable, et souvent indiscernable par celui même qui la pratique. Inévitable, parce qu'il n'existe aucun historien qui puisse raisonnablement dire que ses choix n'ont point été orientés, peu ou prou, par une dialectique du reflet ou du contraste avec lui-même. Ce serait mensonge. Confortable, parce que s'identifier, de quelque manière que ce soit, apporte du soulagement. Dangereuse toutefois, parce que ce jeu de miroirs bloque l'imagination, stoppe l'intelligence et la curiosité, en restant confiné sur des sentiers étroits et étouffants. S'identifier, c'est anesthésier le document et la compréhension qu'on peut en avoir.

La vigilance doit être de mise pour qu'une lucidité toujours en éveil agisse en garde-fou contre l'absence de distance. Qu'il soit bien clair que cette « ascèse » n'exclut pas l'échange entre l'archive et son lecteur, ni même l'empathie. L'échange n'est pas fusion, ni abolition des écarts, mais la nécessaire reconnaissance de l'étrangeté et de la familiarité de l'autre sans laquelle il n'y a point de questionnement intelligent et donc efficace. L'échange exige la confrontation. D'ailleurs, il arrive bien souvent que le matériau résiste, présentant au lecteur sa part énigmatique, voire sibylline. Quand la recherche bute sur l'opacité des documents, et que l'archive ne décline plus aussi facilement les pleins et les déliés d'un commode « c'était ainsi puisque c'est écrit », le travail peut vraiment commencer. En cherchant d'abord tout ce que les textes recèlent d'improbable, d'incohérent mais aussi d'irréductible aux interprétations trop aisées. Quand l'archive, au contraire, semble facilement donner accès à ce qu'on suppose en elle, le travail est encore plus exigeant. Il faut se délivrer patiemment de la « sympathie » naturelle qu'on éprouve pour elle, et la considérer comme un adversaire à combattre, un morceau de savoir qui ne s'annexe pas mais dérange. Il n'est pas simple de se défaire du trop-plein d'aisance à lui trouver du sens ; pour pouvoir la connaître, il faut la désapprendre, et non croire la reconnaître dès la première lecture.

Il arrive aussi que l'archive soit très bavarde, et qu'à propos de tel ou tel thème, elle déploie aux yeux du lecteur une infinité d'indications neuves, judicieuses et détaillées. Quand le document s'anime au point de laisser croire qu'il se suffit à lui-même, survient inévitablement la tentation de ne point se détacher de lui et d'en faire un commentaire immédiat, comme si l'évidence de son énoncé n'avait pas à être réinterrogée. Cela donne une écriture de l'histoire, descriptive et plate, incapable de produire autre chose que le reflet (voire le calque) de ce qui fut écrit il y a deux cents ans. Le récit de l'histoire devient une glose ennuyeuse, un commentaire positiviste où les résultats donnés ne sont pas passés au crible de la critique.

La citation vient souvent au secours de l'écriture ; là encore, il faut réfléchir sur son emploi pour qu'elle n'apparaisse ni comme une facilité ni comme le moyen trompeur d'apporter des preuves là où un raisonnement serait nécessaire. La citation ne peut jamais être une preuve, et l'on sait bien qu'il est presque toujours possible de fournir une citation contraire à celle qu'on vient de choisir. La citation a tant de charme qu'il est bien difficile d'y résister ; le charme de l'étrangeté, celui de la justesse et de l'exotisme mêlés de la langue d'autrefois, et encore celui de l'aveu. Quand on cite, on avoue implicitement ne pas pouvoir trouver de mots meilleurs ou d'ajustements de phrases plus pertinents que ceux dénichés dans l'archive. Ou bien, on camoufle une sorte d'impuissance à réfléchir plus avant, profitant au maximum du statut de vraisemblance, voire de véridicité, qu'impose toute citation.

En fait, la citation devrait correspondre à un travail d'incrustation ; d'ailleurs, elle ne prend sens et relief que si elle remplit une fonction que rien ne pourrait remplacer. On peut lui voir trois fonctions principales. Elle est efficace, par exemple, lorsqu'elle met en scène une nouvelle situation par la force abrupte de son expression ; en ce cas, elle sert d'amorce et fait progresser le récit. Elle peut aussi jaillir telle une surprise ayant pour tâche d'étonner, de déplacer le regard et de rompre des évidences : c'est la citation-rupture, celle qui permet à l'historien de se dérouter de lui-même, de se défaire de ses manies savantes et académiques où se démontrent sans mal les réussites et les défaites d'autrui. Ici, la citation casse le récit ; les paroles mises entre guillemets viennent rappeler que rien ne sert parfois de s'extraire de l'univers des mots d'où l'expérience humaine prend figure. Comment ne pas lui concéder encore une autre fonction, moins altière, plus paresseuse sans doute ? A la tension d'un texte, la citation parfois donne du répit, propose une pause, une plage peut-être. Il ne s'agit pas de surajouter du texte au texte, ni de montrer comment les choses se disaient « bien » autrefois, mais de moduler l'écriture du récit par des éclats d'images, de l'éclabousser de surgissement d'autrui. Suspendue, la citation fonctionne comme une halte ; comme une note blanche, permettant aux mots habituellement raisonnables de l'historien de se mouvoir autrement autour d'elle. En fin de phrase, de paragraphe ou de chapitre, il arrive qu'elle construise du silence autour de l'instantané de son irruption. Et c'est bien ainsi. L'histoire n'est jamais répétition de l'archive, mais désinstallation par rapport à elle, et inquiétude suffisante pour s'interroger sans cesse sur le pourquoi et le comment de son échouage sur manuscrit. Congédier l'archive pour un temps, afin de réfléchir sur son seul énoncé ; plus tard, mettre le tout en gerbe : qui a le goût de l'archive éprouve le besoin de ces gestes alternés d'exclusion et de réintégration des documents où l'écriture, avec son style, s'ajoute à l'émergence de la pensée.

Risque d'engloutissement et d'identification, de mimétisme et de glose sans saveur, voici quelques-uns des pièges tendus par l'archive. Il en existe un autre, cette fois par l'entourage, qu'il soit proche ou lointain. Indubitablement, l'archive contient des nuées d'histoires, d'anecdotes, et chacun aime qu'on les lui conte. Ici, des milliers de destins se croisent ou s'ignorent, mettant en relief des nuées de personnages à l'étoffe de héros, au profil de Don Quichotte abandonnés. S'ils ne sont ni l'un ni l'autre, leurs aventures, toutefois, ont une couleur d'exotisme. En tout cas, pour beaucoup, le roman est possible, tandis que, pour certains, il est le moyen idéal de se libérer de la contrainte de la discipline, en faisant vivre l'archive.

Souvent évoquée, cette possibilité n'est en fait ni un piège ni une tentation. L'argument selon lequel le roman ressuscite l'archive et lui donne vie n'en est pas un. Le romancier fait œuvre de fiction ; que le décor soit « historique » et les personnages issus des siècles passés n'y change pas grand-chose. On peut en effet animer, avec talent ou non, des hommes et des femmes du XVIIIe siècle, en produisant pour le lecteur de la connivence et un grand plaisir, mais il ne s'agit point de « faire de l'histoire ». Bien entendu, la connaissance des archives s'avère indispensable, pour que soit préservée l'authenticité du drame, mais la vie insufflée par le romancier à ses protagonistes est une création personnelle où le rêve et l'imagination s'allient au don d'écriture, pour capter le lecteur et l'entraîner dans une aventure bien spécifique.

En histoire, les vies ne sont pas des romans, et pour ceux qui ont choisi l'archive comme lieu d'où peut s'écrire le passé, l'enjeu n'est pas dans la fiction. Comment expliquer, sans aucune forfanterie et sans mépris pour le roman historique, que s'il est des comptes à rendre à tant de vies oubliées, laminées par les systèmes politiques et judiciaires, c'est par l'écriture de l'histoire que cela passe. Quand le prisonnier de la Bastille, enfermé pour avoir colporté des pamphlets, écrit à sa femme sur un morceau de sa chemise arrachée et supplie la blanchisseuse de ne point manquer à cet appel d'espoir, il y a nécessité pour l'écrivain de l'histoire de ne pas le faire surgir en héros de roman. Ce serait trahison en quelque sorte, ne serait-ce que parce qu'il serait immédiatement assimilé à tant d'autres héros, dont un des statuts principaux est justement d'être mis en action et manipulés par l'auteur.

Le prisonnier de la Bastille, aux singulières traces retrouvées dans l'archive, est un sujet autonome, qu'aucune imagination n'est venue forger ; son existence aperçue, pour prendre relief et sens, doit s'intégrer non à un roman, mais à un récit capable de le restituer comme sujet de l'histoire, dans une société qui lui a prêté des mots et des phrases. S'il doit « prendre vie », ce n'est point dans une fable, mais dans une écriture qui rende perceptibles les conditions de son irruption et travaille l'obscurité de ses jours au plus près de ce qui l'a produite. Unique et autonome (malgré les effets du pouvoir), le prisonnier de la Bastille, fugitif passant de l'archive, est un être de raison, mis en discours, que l'histoire doit prendre pour interlocuteur.

On a beau dénoncer les pièges de l'archive ou les tentations qu'elle recèle, il ne faut guère entretenir d'illusions. Passion d'archives n'évite pas les embûches. Ce serait immodestie de s'en croire abritée parce qu'on les a débusquées.

Paroles captées

L'archive judiciaire présente un monde morcelé : on le sait, la plupart des interrogatoires sont faits de questions aux réponses souvent lacunaires ou imprécises, de parcelles de phrases et de morceaux de vie, au fil conducteur la plupart du temps peu visible.

Par ailleurs, plus on s'intéresse à l'archive, plus deviennent expressives ces plaintes dérisoires à propos d'événements dérisoires, où les uns se disputent pour un outil volé et les autres pour de l'eau sale reçue sur leurs habits. Signes d'un désordre minimum ayant laissé des traces puisqu'ils ont donné lieu à des rapports et à des interrogatoires, ces faits intimes où presque rien n'est dit, et où pourtant tant de choses transpirent, sont lieux d'investigation et de recherche.

Les événements sont minuscules, les incidents plus qu'ordinaires, les personnages communs, et les archives collectées à leur sujet ne sont que des fragments. Fragments de vie, disputes en lambeaux données là en vrac, reflétant à la fois le défi et la misère humaine. On le comprend, impossible ou presque d'établir des séries dans ces magmas de plaintes d'où s'exhale une quotidienneté banale. Ou bien, il faut laisser cela de côté et s'intéresser à autre chose, par exemple à l'histoire de la procédure ou à celle des grands procès en bonne et due forme ; ou bien, il faut savoir saisir ces éclats de vie, intenses et contradictoires, violents et toujours complexes, pour tirer d'eux le maximum de sens.

De l'événement en histoire.

Cette insistance à travailler sur le minuscule, le singulier et le quasi-imperceptible vaut bien qu'on s'explique sur les problèmes rencontrés et d'abord sur la notion d'événement en histoire.

Les mots dits, les courts récits rapportés par les greffiers et les embryons d'explications balbutiées sont des événements. Dans ces discours tronqués, tenus malgré la peur, la honte ou le mensonge, il y a événement parce que, même en bribes, ce langage charrie des essais de cohérence voulus par celle ou celui qui a proféré ces réponses, tentatives qui créent l'événement : en elles se repèrent des identités sociales s'exprimant par des formes précises de représentation de soi et des autres, se dessinent des formes de sociabilité et des manières de percevoir le familier et l'étrange, le tolérable et l'insupportable. Car celui qui répond au commissaire, dans une imprécision voulue ou non, s'exprime forcément à travers les images qu'il véhicule de lui, de sa famille et de son voisinage. Plus que cela, il tente d'avoir de l'influence, sans même complètement mesurer l'exact pouvoir des mots. Ses phrases sont aussi des « événements » parce qu'elles sont là pour faire croire, et qu'il est impossible d'oublier cet aspect indispensable des relations sociales. Non seulement leur contenu exhibe un monde organisé (ou démantelé), mais leur énonciation est là pour provoquer de la conviction et entraîner l'assentiment de ceux qui écoutent et qui jugent. Dans ce rapport étroit entre la parole dite et la volonté de créer du vraisemblable s'instaure l'événement. Par ailleurs, dans les interrogatoires, chaque réponse, malgré ou grâce à la personnalité de l'interrogé, libère non seulement les renseignements attendus, mais un horizon tout entier, qu'il faut aimer capter. Car les mots sont porteurs de présent, éléments de reconnaissance et de distinction du temps d'où ils sont issus. Quand on demande par exemple à un colporteur, soupçonné de vol, en quelle année il est né et qu'il répond : « ne sait pas l'année, mais qu'il aura 17 ans le jour de la Saint-Charles », il serait dommage de noter tranquillement sur la fiche : « 17 ans », en face de la rubrique âge, car il manquerait tout ce qui plonge cette information dans un univers à la fois personnel et collectif. Ce genre de réponses ne survient pas exceptionnellement, elle fait partie du lot quotidien de renseignements puisés en archive, ce qui lui donne son prix et aussi sa difficulté d'interprétation. De même, quand on interroge un homme sur sa situation familiale, lui demandant s'il a femme et enfants, et qu'il répond : « non, il est veuf et ses enfants sont morts », on comprend que de cette phrase s'enfuit tout un univers. Ou bien encore (mais on n'en finirait pas d'aligner les exemples), ce jeune homme de 17 ans aux 21 frères et sœurs, ne sachant plus le nom de son frère aîné, et ne pouvant pas non plus identifier ses petites sœurs, sauf la dernière. L'« événement » est aussi cette expression morcelée de l'être, livrée comme trace, souvenir, amnésié en même temps qu'accompagné de l'écho des vibrations du monde qui l'entoure.

Les détails donnés sur la situation professionnelle engendrent le même type de récit, fournissant à la fois le renseignement et ce qui lui donne accès, ou plutôt ce qui le rend cohérent. Cet épinglier interrogé sur la date de sa venue à Paris donne en une phrase le contexte de sa migration : « a dit qu'il est venu à Paris il y a trois ans croyant qu'il gagnerait mieux sa vie comme beaucoup d'autres et, étant à Paris, il lui est venu une teille sur l'œil qu'il n'a pu soigner, a donc changé de métier ». L'événement n'est pas qu'il soit un migrant d'à peine trois années, il réside dans ce qui s'est soustrait à lui pendant ce temps (espoir-santé-métier), et aussi dans cette vision d'un Paris ville-mirage, soudainement métamorphosé en Paris ville-échec ; il réside encore dans cette fin d'un rêve singulier, qui est aussi un rêve collectif (tant de migrants sont venus vers les villes et s'y sont abîmés).

Sur le futile comme sur l'essentiel, les réponses fournissent davantage qu'elles-mêmes ; elles laissent entrevoir les réseaux sociaux, ou des façons spécifiques de vivre au milieu des autres. Un exemple anodin fera

101

mieux comprendre cela que n'importe quelle longue explication ; à une jeune blanchisseuse, accusée d'avoir participé à une sédition, on demande si elle ne porte point de sobriquet. Sa réponse sans façon est typique. Apparemment insignifiante, elle permet d'entrer en résonance avec des modes traditionnels de communication populaire. « Si on ne l'appelle point la grosse grêlée ? a dit qu'elle " n'est point grêlée, qu'il est vrai que depuis quelques temps, et en badinant, on l'appelle la grosse, qu'elle n'est point grosse, que souvent même elle ne répond point à cette plaisanterie, parce que ce n'est pas son nom "[35]. »

Cette « façon de parler[36] » tout anodine crée de l'événement parce qu'elle est un langage en actes, un résumé de comportements, témoignant de pratiques régulières d'interaction entre les personnes. Ici, en quelques mots, on discerne une manière de communiquer entre individus d'un même milieu social, où aux habitudes moqueuses de désignation d'autrui s'ajoutent des stratégies coutumières de taquinerie, des formes d'ironie sur l'apparence physique et l'insistance de chacun à y répondre par l'attachement à son patronyme véritable, seul capable de le nommer en vérité. Le langage exprime, avec verdeur ou maladresse, conviction ou crainte, la complexité des relations sociales et des façons d'y faire bonne figure, celle-là même qui est imposée par les structurations sociales et politiques de la cité.

Événement parce que cela renvoie (plus ou moins maladroitement) à des formes de communication usuelles où le langage est aussi en correspondance avec des cultures et des savoirs tout à fait particuliers et personnels. « Ne sait ni lire ni écrire, qu'il a été peu à l'école parce qu'on disait qu'il apprendrait mieux quand il serait plus grand et qu'actuellement il venait un maître pour lui montrer » ; « qu'il sait seulement sa marque » ; « comment s'écrit son nom ? a dit qu'il ne le sait pas, parce qu'il ne sait pas écrire, ne sait lire que dans le moulé et n'a jamais fait qu'une croix dans les écritures qu'on lui a fait signer » : voici quelques réponses parmi d'autres — elles contiennent des formes spécifiques de savoir n'ayant rien à voir avec celles de la culture dominante —, chacune indique avec précision les modalités infinies d'appréhension de la culture et de l'information. En effet, on peut savoir lire et ne pas pouvoir écrire, n'écrire que le moulé, rester interdit devant les majuscules, connaître quelques lettres et ne pouvoir signer que d'une croix. Ce n'est ni de l'analphabétisme ni de la maî-

trise du savoir, cela ne peut ni se comptabili-
ser ni se mettre en courbes, et pourtant ces
configurations particulières sont les précieux
indices des manières de détenir en pointillé
quelques instruments de culture. Et si rien
n'est mesurable, si l'on ne peut conclure par
aucun chiffre exact de taux d'alphabétisation
ou de niveaux d'instruction, on peut défier les
classifications traditionnelles et pénétrer dans
le maquis des infinies ramifications du savoir
où les hommes se forgent à la fois une identité
et une opinion.

Les mots sont des fenêtres : un ou des
contextes s'y laissent emprisonner ; mais il
arrive aussi que les mots se brouillent et se
contredisent, énonçant des incompatibilités au
sens indistinct. Alors qu'on croyait enfin dis-
cerner une trame dans laquelle se mouvaient
des êtres et se logeaient des événements, voici
qu'apparaissent des opacités, des oppositions
et qu'on distingue des espaces singuliers sem-
blant n'avoir aucun rapport avec le paysage
préalablement deviné quelques documents
plus tôt.

Dans cette obscurité et ces écarts, gît encore
de l'événement : décalés, inaccoutumés, les
mots composent un objet nouveau, différent
des autres. Ils communiquent des existences
ou des faits divers irréductibles à toute typo-

logie, à tout effort de synthèse, et les voici loin de pouvoir être dissous dans un contexte historique trop aisément discernable. Presque incompréhensibles, résistant à l'analyse, ces phrases sont à « prendre » parce qu'elles permettent à l'historien la saisie de moments ou de tensions extrêmes à l'intérieur d'une même société.

Inutile de chercher à travers l'archive ce qui pourrait réconcilier les contraires, car l'événement historique tient aussi dans le jaillissement de singularités aussi contradictoires que subtiles et parfois intempestives. L'histoire n'est point le récit équilibré de la résultante de mouvements opposés, mais la prise en charge d'aspérités du réel repérées à travers des logiques dissemblables se heurtant les unes aux autres.

Morceaux d'éthique.

Ici les conflits sont majoritaires. Petits ou grands, d'ordre privé ou menaçant la tranquillité publique, ils n'empruntent jamais les tours et les détours de parfaits récits linéaires, mais s'arrachent le plus souvent au mutisme prudent des protagonistes. Malgré tout, ils racontent ; gênés et provoqués par une police anxieuse de savoir, d'obtenir des aveux et de trouver des coupables.

Reconstituer les faits *a posteriori* n'est jamais commode d'autant que la plupart des dossiers offrent *in fine* une version qui est bien souvent celle de l'ordre public et des autorités de police. Les questions posées ont l'évidence des certitudes policières : avant tout, l'homme de police cherche à nommer des coupables, peu lui importe que l'affaire soit totalement éclairée. Qu'il survienne par exemple une rixe sur un marché ou une rébellion contre des soldats, la police entre en scène et ne cache guère ses intentions. Elle se dirige au plus vite vers des meneurs et des fortes têtes qu'il lui semble connaître déjà et opère sans hésitation dans les milieux troubles qui ne lui sont pas étrangers. Quoi qu'il en soit, pense-t-elle, cela permet toujours d'assainir l'espace urbain. Quand deux femmes se disputent à l'étal pour des prix trop élevés de légumes ou de poisson, sans vergogne les policiers dirigent leurs pas vers la foule soupçonnée des revendeuses, des filous et des troqueurs au petit pied. De la même façon, une grève d'artisans fait mettre en prison quelques compagnons réputés pour leurs menées subversives.

Une première lecture des documents induit

le plus souvent une version toute policière de l'ordre et du désordre, laissant parfois de côté les véritables acteurs du conflit, ceux qui agissent isolés la plupart du temps, sans dépendre ni de la pègre ni de la valetaille. Plus simple pour la police d'aller droit au but, à l'encontre de ceux qui ont pour mauvaise habitude de donner du fil à retordre.

Remarquer ces automatismes et ces faiblesses policières est un travail nécessaire. Il ne doit point pour autant faire oublier la roublardise des accusés, clamant leur innocence dans des réponses aussi offensées que feintes : « de cela il n'a jamais rien su », « qu'il n'a point été là où on dit qu'il a été », « qu'elle n'a rien vu, ni entendu si ce n'est le bruit de clameur ». De ces dénégations, et de ces esquives malhabiles, on peut à l'évidence déduire des conduites de fuite semblables à des aveux ou à des impuissances. C'est en rester peut-être à la surface des choses et des dires, car, au milieu de ces vagues évocations, peuvent apparaître brusquement de minuscules séquences de vie, des gestes inattendus, ou même l'ombre d'un décor social furtivement planté. Énumérons quelques-unes de ces réponses apparemment anodines, fournies à la question inaugurant tout interrogatoire : « à lui [ou elle] demandé pourquoi il a été arrêté »,

« qu'il ne sait rien de ce qu'on lui demande et qu'il venait de se signer en passant devant la porte où l'on avait mis un mort quand...

qu'elle était occupée comme tous les jours à déplier les bâches de l'étal au moment où...

qu'elle venait de dire à son fils d'aller chercher de l'onguent pour soigner la jambe blessée de son mari et que...

qu'il avait l'habitude de boire un poinçon d'eau-de-vie au cabaret et de ne point se méfier des autres quand...

qu'il avait sa réputation et ne craignait personne sauf Dieu...

qu'il entendit du bruit et vit l'escalier tout empli de monde mais qu'il continua à ranger ses outils...

qu'elle n'avait jamais regardé personne en portant ses bonnets chez la repasseuse de la rue du Roi-de-Sicile quand elle sentit...

qu'il a couru à l'atelier prévenir son ami de ce qui se passait dans le voisinage, et qu'il est resté longtemps avec lui, en badinant avec la servante d'en face qui hèle les clients, avant que de...

qu'elle a entendu dire qu'il avait mis les femmes pour crier à la fenêtre et qu'elle le connaissait pour être...

qu'elle ne connaît point celle-là qui est chaque jour au marché près de la borne à vendre ses salades...

qu'il lui a donné l'ordre de s'enfuir en entendant la police arriver, et qu'elle n'a point voulu...

qu'elle a quatre enfants en bas âge et que son mari n'est pas rentré depuis trois jours, qu'elle est bien sûre qu'il a vendu jusqu'à son lit...

qu'elle a gagné de l'argent de ses lessives et qu'elle tient à en disposer, qu'il lui faut bien de l'argent pour vivre, et qu'elle a une âme à sauver...

qu'il l'a battue avec la serpette et que les voisins ont accouru avant qu'elle ne meure sous ses coups...

qu'il lui a tant fait de mal qu'il ne périra que par ses mains...

qu'on ne lui a point dit qu'il ne fallait pas se promener vers le soir vers les Barrières et que sa sœur y va toujours avec son ami... »

Parfois, les réponses sont plus étoffées ; à propos d'émeutes, suspects et témoins racontent facilement ce à quoi ils ont assisté, que ce soit un épisode de pillage de boulangerie par exemple ou une chasse à l'homme. Dans l'éclatement des témoignages, on surprend des actions en train de s'accomplir, des représentations en train de se façonner avant de se dissoudre lorsque rien encore n'est définitivement achevé et avant qu'aucune interprétation globale de l'événement n'ait été donnée.

Chaque acteur témoigne de ce qu'il a vu et de la manière singulière dont il s'est accroché à l'événement, improvisant sa place et ses gestes, avec ferveur ou réticence selon les cas, inventant parfois de neuves actions qui décaleront le cours des événements. Multipliés, ces témoignages ne reconstituent pas l'affaire en cours, mais rendent attentifs à l'organisation impromptue de scènes minuscules et furtives, au détail des gestes, aux valeurs émises[37], à la créativité des signes de reconnaissance.

Précises ou non, bavardes ou lapidaires, les informations obtenues sont bien davantage que des renseignements permettant à l'historien d'accumuler des faits. Ce sont des morceaux d'éthique. Par morceaux d'éthique, il faut entendre ce qui sourd de chaque être à travers les paroles qui lui servent à se dire et à dire les événements, c'est-à-dire une morale, une esthétique, un style, un imaginaire et le lien singulier qui le rattache à sa communauté. Dans le murmure de milliers de mots et de phrases, on pourrait ne chercher que l'extraordinaire ou le résolument significatif. Ce serait sans doute un leurre ; l'apparemment insignifiant, le détail sans importance trahissent l'indicible et suggèrent bien des formes d'intelligence vive et d'entendements raisonnés se mêlant à des rêves manqués et des désirs en friche. Les mots tracent des figures intimes et surprennent les mille et une formes de la communication de chacun avec le monde.

L'accidentel et le singulier,
l'unique et le collectif.

La singularité est déconcertante ; que faire de ces innombrables personnages aux péripéties hasardeuses et aux amples mouvements désarticulés ? Une seule matinée passée en bibliothèque à dépouiller quelques plaintes impose de curieux face-à-face : voici le filou prisonnier de Bicêtre avide de liberté « voilà deux fois que je suis attaqué du scorbut et je pense douloureusement que si je garde Bicêtre plus longtemps il faudra passer en l'autre monde, dont il me serait difficile de vous donner des nouvelles[38] » ; il précède ce mendiant déguisé en religieux « portant une boîte de curiosité qu'il a achetée où se trouvent un *Ecce homo* et 4 figures de la Passion qu'il montre aux passants[39] », et cette mère en pleurs suivant son enfant arrêté « en le tenant

111

par la main[40] »... On pourrait sans discontinuer esquisser ainsi des centaines de silhouettes.

L'affleurement ininterrompu du singulier
invite à penser « l'unique », à réfléchir sur le
concept historique d'individu[41] et à tenter une
difficile articulation entre les personnes ano-
nymement immergées dans l'histoire et une
société qui les contient.

Le procédé anecdotique est un outil inutile,
il ne rend compte de rien ; le goût pour
l'étrange n'est pas d'un plus grand secours,
tant il déforme le regard sur les documents. Il
reste, au ras des paroles, la fine analyse de la
rareté à détacher à la fois de l'habituel et de
l'exceptionnel. Il reste à trouver un langage
capable d'intégrer les singularités dans une
narration apte à en restituer les rugosités, à en
souligner les irréductibilités ainsi que les affi-
nités avec d'autres figures. Apte à reconstruire
et à déconstruire, à jouer avec le même et le
différent. « Enchevêtré à des histoires qui ne
lui sont ni subordonnées ni homogènes[42] »,
l'être humain capté par l'archive doit être évo-
qué sans approche globalisante qui le réduirait
à l'aune d'un individu moyen sur lequel on
n'aurait rien à penser, mais avec le souci de
faire émerger l'échiquier subtil dont chacun
dispose pour aménager son espace.

« Défendre les histoires[43] » et les faire saisir par l'histoire, c'est s'astreindre à montrer comment l'individu constitue son propre agencement avec ce qui est historiquement et socialement mis à sa disposition. Ainsi questionnés, les interrogatoires et les témoignages mettent en lumière les lieux où l'individu rentre en relation pacifique ou tumultueuse avec d'autres groupes sociaux, préservant ses libertés et défendant ses autonomies. Une histoire de la personne vient parfois déranger les certitudes acquises sur l'ensemble des phénomènes dits collectifs ; en même temps elle ne peut être envisagée qu'en interaction avec des groupes sociaux.

On le pressent peut-être, l'attention au singulier nécessite celle de l'ajustement de chacun à autrui et puise ses forces au-delà même de la disponibilité du matériau d'archive à les faire figurer. Elle s'enracine dans la volonté de lire aujourd'hui comme hier l'infinité des écarts que chacun construit avec la norme, et la complexité des chemins dessinés à l'intérieur d'elle, pour inventer et ne pas subir, s'unir et s'opposer. Il y a là sans doute une vision du monde, une ontologie de l'actuel, l'inquiète ténacité à ne jamais rien immobiliser. Comme si la parole de maintenant aussi bien que celle d'autrefois logeait en elle l'espoir de toujours véhiculer un quelconque possible.

Sens et véridicité.

Finalement, il n'existe pas d'histoire simple,
ni même d'histoire tranquille. Si l'archive sert
effectivement d'observatoire social, ce n'est
qu'à travers l'éparpillement de renseignements
éclatés, le puzzle imparfaitement reconstitué
d'événements obscurs. On se fraye une lecture parmi cassures et dispersion, on forge des
questions à partir de silences et de balbutie-
ments. Mille fois devant les yeux tournoie le
kaléidoscope : avant de se figer sous une
forme précise d'hypothétiques figures passent
devant les yeux, se brisent en feux irisés avant
de s'immobiliser sous d'autres parures. Le
moindre mouvement les rend alors périssables
en en faisant naître d'autres. Le sens de l'archive a la force et l'éphémère de ces images
une à une convoquées par le tourbillon du
kaléidoscope.

On le sait ; il n'y a pas de sens univoque
aux choses du passé, et l'archive contient en
elle cette leçon. Frêle souvenir, elle permet à
l'historien d'isoler des objets et de les éprouver. « L'historien qui réfléchit sur un sujet
doit construire l'histoire dont il a besoin et le
faire avec les disciplines autres[44] », tandis

qu'aucun document ne tire sens de lui-même :
« Aucun document ne peut nous dire davantage que ce que pensait son auteur, que ce
qu'il pensait être arrivé, ce dont il pensait
qu'il faudrait que ça arrive ou que ça arrive-
rait, ou peut-être seulement ce qu'il voulait
que les autres pensent qu'il pensait, sinon
même ce que lui-même pensait penser. Tout
cela ne prend un sens que lorsque l'écrivain
s'attelle à le déchiffrer. Les faits, qu'ils pro-
viennent ou non de documents, ne peuvent
être employés par l'historien tant qu'il ne les a
pas traités : et cet emploi constitue, si je puis
dire, le processus même du traitement[45]. »

La volonté de comprendre est exigeante ;
pour cela, il y a autant d'illusions à combattre
que de conditions à remplir. En effet, si l'historien est bien un narrateur, il est aussi celui
qui explique et convainc, donne longuement
ses raisons parce qu'il sait qu'on peut lui en
opposer d'autres. Ainsi la première illusion à
combattre est-elle celle du récit définitif de la
vérité. L'histoire, en effet, est une manière de
faire qui ne fonde pas un discours de vérité
contrôlable en tous ses points ; elle énonce un
récit qui réunit la formulation d'une exigence
savante, et une argumentation où s'intro-
duisent des critères de véridicité et de plausi-
bilité. Le poète crée, l'historien argumente et

réélabore les systèmes de relation du passé à travers les représentations de la communauté sociale qu'il étudie, en même temps qu'à travers son propre système de valeurs et de normes. L'objet de l'histoire est sans nul doute la conscience d'une époque et d'un milieu, en même temps qu'il est nécessairement construction plausible et vraisemblable des continuités et des discontinuités du passé, à partir d'exigences savantes. L'historien n'est pas un fabuliste rédigeant des fables, c'est pourquoi il peut affirmer comme le faisait Michel Foucault : « Je n'ai jamais écrit rien d'autre que des fictions et j'en suis parfaitement conscient », en ajoutant aussitôt : « Mais je crois qu'il est possible de faire fonctionner des fictions à l'intérieur de la vérité »[46].

On peut se défaire de l'illusion d'une universalité, d'une vérité totale et définitive à reconstituer globalement. Par contre, on ne peut congédier la vérité ni même la mépriser, on ne doit jamais la dévoyer, et l'espace est souvent étroit entre ces deux pôles. La relation à l'archive permet d'être très sensible à ces deux impératifs et de les tenir pour solidaires. Aux constructions théoriques et abstraites, l'archive oppose son poids d'existences et d'événements minuscules incontournables, aiguillonnant le savoir traditionnel d'une

« réalité » triviale et flagrante. L'archive offre des visages et des peines, des émotions et des pouvoirs créés pour les contrôler ; leur connaissance est indispensable pour tenter de décrire ensuite l'architecture des sociétés du passé. Au fond, l'archive rattrape toujours par la manche celui ou celle qui s'évaderait trop facilement dans l'étude de formulations abstraites et de *discours sur*. Elle est un des lieux à partir duquel peuvent se réaménager les constructions symboliques et intellectuelles du passé ; elle est une matrice qui ne formule pas « la » vérité bien sûr, mais qui produit dans la reconnaissance comme dans le dépaysement des éléments nécessaires sur lesquels fonder un discours de véridiction éloigné du mensonge. Pas plus ni moins réelle que d'autres sources, elle suggère des destins d'hommes et de femmes aux gesticulations surprenantes et sombres croisant des pouvoirs aux multiples discours. L'émergence de vies s'entrechoquant avec les dispositifs de pouvoir mis en place conduit un récit historique cherchant à être à la mesure de cette irruption et de cette pesanteur, c'est-à-dire prenant en compte ces lambeaux de réalités exhibées, décelant des stratégies individuelles et sociales au-delà des non-dits et des silences, les mettant en ordre, puis proposant une intelligibilité propre sur laquelle il est possible de réfléchir.

Au départ, s'avère nécessaire l'explication raisonnée des grilles de lecture imposées au matériau : le procès de questionnement de l'archive doit être suffisamment clair pour que les résultats de la recherche soient convaincants et non fallacieux. Car — on le pressent — on peut tout faire dire à l'archive, tout et le contraire ; une des premières contraintes est de mettre au clair les procédés d'interrogation. Allons droit au but : une chose est de comprendre l'histoire, comme un processus de réinterprétation permanente du passé, à l'aune d'une société actuelle et de ses besoins ; une autre est de subvertir les faits passés pour servir de pernicieuses idéologies. Il est des moments où il est nécessaire d'avancer « des » vérités (et non la vérité) incontestables, c'est-à-dire des formes entières de réalité, qu'il ne sert de rien de cacher ou de subvertir. Il est des moments où l'histoire doit démontrer des erreurs, se servir de preuves, pour que « la mémoire ne soit pas assassinée[47] ». « L'histoire est un manque perpétuel [...] mais ne reste-t-il pas indispensable de se raccrocher à cette vieillerie, " le réel ", ce qui s'est authentiquement passé[48] ? »

« Il ne faut jamais affaiblir le tranchant de

ce qui a eu lieu, le tranchant de l'événement »,
disait récemment Paul Ricœur au cours d'une
journée de rencontre avec des historiens[49],
notamment lorsque celui-ci est encore producteur d'horreur et de traumatismes. Il a
existé dans le passé des événements abjects
dont le récit est nécessaire et qui imposent
par là même un statut spécifique à leur narration, surtout lorsqu'ils vivent encore dans la
« mémoire culturelle ». Auschwitz, disait-il,
est un « événement fondateur négatif » qu'il
est obligatoire de maintenir dans la situation
du mémorable et dont l'énonciation, en aucun
cas, ne peut être déformée. Bien entendu, « le
rapport de l'histoire au réel se fait sur le mode
non d'une transparence mais d'une mise en
rapport des données[50] », opération qui se doit
de posséder un indubitable statut de vérité.
Pertinent pour le traitement de tous les événements, ce rapport de l'histoire au réel devient
crucial quand il s'agit de faits sur lesquels s'est
forgée une mémoire vivante qui traverse la
société entière.

Ainsi ne peut-on admettre l'histoire « révi-
sionniste » et faurissonienne qui a pris des
formes nouvelles en s'infiltrant à peu près partout, insinuant que les chambres à gaz
n'avaient pas existé ; énonciation mortifère
émise « pour déréaliser la souffrance, la
mort[51] ».

La Révolution française est elle aussi un événement fondateur, positif cette fois, producteur d'effets aujourd'hui encore. Parce que toujours actif dans la mémoire collective, cet épisode entretient d'étranges liens avec ses historiens. Certains, par exemple, cherchent à démontrer que la Révolution terroriste et sanguinaire fut un des épisodes les plus honteux de notre histoire, n'hésitant pas à employer le mot de « génocide » à propos de la guerre civile vendéenne. Ici, force est de dire qu'il s'établit un jeu pervers et pernicieux avec la vérité, une utilisation fallacieuse de faits, afin d'écrire une histoire où la passion l'emporte sur la rigueur. Lorsqu'elle subit de telles opérations, la connaissance se brise et meurt, ainsi que le sens de soi puisqu'on a refusé d'« habiter le texte de l'autre » (Paul Ricœur).

Prenons l'exemple de la Vendée entre 1793 et 1797. L'étude ayant le mieux fait le point sur cet épisode est celle qui, non seulement a rassemblé les faits et les chiffres, mais a proposé une interprétation convaincante du déroulement des événements à partir de cette mise à plat indispensable. Il s'agit de l'ouvrage de Jean-Clément Martin (*La Vendée et la France*, Le Seuil, 1987). L'auteur démontre à quel point les prémices de l'insurrection vendéenne ont traumatisé le gouvernement révolutionnaire qui a vu dans ce soulèvement la négation de tous ses efforts. A partir de ce choc, une impitoyable répression est venue solidifier une région, qui n'avait à l'époque aucune conscience de son pouvoir. Toute l'intelligence de l'auteur vient montrer, archives à l'appui, que les faits ne sont rien s'ils ne sont pas réinsérés dans les représentations qu'on a d'eux, représentations qui les réalimentent ensuite ou au contraire peuvent en diminuer la progression et l'acuité. La guerre de Vendée s'est effectuée au cœur d'un processus en spirale d'impact des faits sur les consciences : si le gouvernement révolutionnaire n'avait pas lu dans ces événements une telle charge symbolique, l'engrenage de la guerre civile n'aurait sans doute pas été si violent. Il y a dans cet ouvrage un bel équilibre entre l'approche de ce qui s'est passé et le sens à donner à ces événements qui se sont répandus en échos, ne cessant de s'amplifier les uns par les autres.

Qu'on entende bien : à de rares exceptions près, le document, le texte ou l'archive ne sont pas la preuve définitive d'une vérité quelconque, mais butte témoin incontournable dont le sens est à bâtir ensuite par des questionnements spécifiques, et l'historien sait bien que « la validité de la connaissance dépend de la validité du but[52] », il navigue au plus juste entre la conscience de la gravité de ses choix et l'impossible théorie selon laquelle l'histoire serait une compilation objective de faits.

Une fois ces précautions prises, le sens ne gît pas avec l'évidence d'un trésor retrouvé. On doit le chercher sous le désordre apparent des récits, des faits et des événements, et quand il s'agit de l'étude des comportements populaires, on peut le supposer en traquant par exemple l'ensemble des systèmes de rationalité qui font agir ou parler les partenaires sociaux présents dans les documents.

Penser certaines formes d'expression populaire.

Une histoire des comportements populaires établie à partir de l'archive risque toujours de se réifier, si elle n'accepte pas de retrouver derrière l'accumulation de détails obtenus sur des pratiques sociales, affectives et politiques, des modes de pensée, des conduites autonomes et des systèmes de rationalité. En effet, il ne suffit pas de décrire les gestes et les attitudes du corps populaire pour en être quitte. La vie de l'atelier, de la rue ou du cabaret ne se résume pas à des conditions de travail, des modes d'habitat et d'alimentation ; les pratiques quotidiennes sont le produit de pensées, de stratégies, ainsi que de cultures faites de déni, de soumission, de rêves et de refus, de choix rationnels et réfléchis, et plus encore de désir de légitimité. Au-delà du matériau brut, qui permet une certaine reconstitution du paysage social, il y a possibilité de mesurer et de dire l'écart qui existe entre l'homme de la rue et son image ; dans les réponses données et les mots prononcés, il est des moments singuliers où l'on repère non seulement le quotidien, mais de la pensée sur le quotidien ; il est des instants privilégiés où l'on entrevoit l'homme de la rue n'être point dupe, ni de ce qu'il fait, ni de ce qu'il croit, ni même de ce qu'il affirme. Là est la richesse de l'archive : n'en point rester à la description du social, comprendre comment une population se pense elle-même et produit constamment de l'intelligence et de l'intelligible à la recherche d'un sens qu'elle découvre et fabrique au fur et à mesure des situations qu'elle vit. Les élites ne sont décidément pas les seules à détenir une culture et une vision déchirée de leur conscience[53], même si elles sont les seules à avoir eu l'aisance de s'exprimer, et le bonheur de s'exprimer par écrit.

Les classes populaires, moins habiles à manier l'écrit, n'ont point pour autant vécu sans se représenter elles-mêmes : l'archive possède des ressources en ce domaine, il faut se donner la peine de les chercher. Trop facile de ne trouver en elles qu'une somme cumulative d'attitudes, si on ne cherche point à entrevoir par quels systèmes de rationalité ces attitudes ont été prises. Ainsi faut-il, à travers les mots, déceler autre chose que la simple description de conditions de vie et éviter de croire qu'une culture populaire ne se forge qu'à partir d'attitudes, de conduites et de réactions. Son espace est autre définitivement.

L'archive retrace la perspicacité des conduites, le jugement des individus et le discernement des collectivités : c'est un travail, dès lors, d'identifier des modes de pensée, de rechercher leurs règles, et de cerner des conduites qui inventent au fur et à mesure leur propre signification, afin de comprendre sur quels systèmes d'intelligence et de sentiments se fonde l'ensemble des cohésions et des ruptures sociales. En fait, il s'agit de réfléchir sur cet espace blanc que l'être met entre lui et lui-même, lui et ses conduites, lui et l'image de ses conduites.

C'est peu simple puisque l'archive judiciaire reflète d'abord, grossie à la loupe, la manière dont gouvernants et élites sont convaincus de l'impossibilité du peuple à prendre part à la chose publique et à être sujet de l'histoire. Pourtant, un massif d'archives de police vient opposer son contenu aux certitudes depuis longtemps acquises sur l'évidente inanité de l'avis populaire. Ce sont celles du lieutenant général de Paris[54] contenant les rapports des observateurs et des inspecteurs de police[55] appelés gazetins de la police secrète.

Que le peuple n'ait ni avis ni opinion, seulement des croyances et des superstitions, soit, mais pourquoi dès lors une police tout entière bâtie autour de la captation des murmures et des bruits de la ville, de l'observation de la rue et des rumeurs qui en font frissonner la surface ? Paradoxal XVIIIe siècle, fondé sur l'élision du populaire, et ne cessant de fonctionner sur l'utopie d'en capter ses moindres réflexes, ainsi que le flot irrégulier de ses remous. La politique n'est point l'affaire du peuple, s'exclame-t-on partout, et le vivant débat qui s'instaure autour de la nécessité d'une opinion publique ne peut reconnaître que celle des milieux éclairés[56], laissant de côté une opinion populaire[57] « qui reste, selon Condorcet, celle de la partie du peuple la plus stupide et la plus misérable ». Vacuité du raisonnement populaire fondée sur un présupposé : subissant la contrainte du besoin et du travail, les couches populaires ne peuvent

125

avoir ni la possibilité ni l'opportunité de se préoccuper de choses qui ne sont pas directement liées à leurs nécessités physiques ou matérielles.

A cette philosophie assurée, l'archive du lieutenant général de police, forme et contenu confondus, apporte peut-être un double démenti. La constitution même de l'archive révèle l'importance des préoccupations royales à l'égard du bruissement des paroles de son peuple, et le rendez-vous hebdomadaire du lieutenant général de police avec le roi en est une preuve ; c'est d'ailleurs pour fournir le maximum d'informations à la personne royale que le lieutenant fait composer par toute une cohorte de « mouches[58] » et d'affidés tant de registres consignant les propos de la foule, pris ici et là, sur places et carrefours. Bien entendu, il ne faut point faire de contresens : être à l'affût du brouhaha populaire ne veut pas dire reconnaître le peuple comme interlocuteur, mais on ne peut *a contrario* affirmer que cette quête incessante, presque obsessionnelle[59], n'ait eu aucune influence sur les décisions politiques. Les formes mêmes de l'organisation policière sont construites autour de cette nécessité quotidienne de tout savoir et tout entendre, et le classement des archives du lieutenant général traduit cette préoccupation forcenée pour le détail et le goût de chaparder sans vergogne les paroles prononcées au hasard des conversations publiques.

Le contenu des rapports écrits par les observateurs après leurs promenades urbaines est à l'image des intentions de départ : qu'on ne croie pas y trouver le récit agencé et thématique des avis du peuple sur les grands événements, écrits sous formes de lettres et de feuilles volantes plus tard reliées ; ces notes se font l'écho désordonné du désordre perçu. Ici, tout est fugitif, la nouvelle entendue, le mauvais propos deviné ; de même, la plume rapide, seulement rythmée par l'irruption des événements ou des réactions. Rien de construit, aucun style, aucune éloquence ; une archive qui tente de retenir le flot fugace des conversations et n'en fait jamais le tri, qui ne nomme pas ou si rarement : « On dit que... on a entendu... le bruit est grand que. » L'information officielle est là, elle aussi, en bonne place, c'est-à-dire les nouvelles de la guerre, de l'Église, des voyages des princes, mais elle ne s'impose pas aux autres bruits, tient la même place qu'une conversation de cabaret ou qu'un écho de colporteur. Tout y est transcrit peut-être, mais c'est loin d'être sûr ; en tout cas, rien ne semble plus ou moins important qu'autre chose, rien n'est indifférent. On passe d'un sujet à l'autre, sans démontrer, sans s'étonner ; éclaboussé de nouvelles, l'observateur, pressé et contraint, reproduit tout à trac les soudainetés, les brusqueries de la ville.

Cette archive, ces recueils des gazetins de la police secrète sont là, porteurs de questions et de contradictions : ils montrent la complexité du système monarchique où l'éradication du populaire côtoie une perpétuelle quête de ses impressions et sentiments. Cherchant l'assentiment populaire, la propagande royale se nourrit fiévreusement de ce qui n'y ressemble pas ; refusant à l'opinion populaire tout crédit lorsque celle-ci devient critique, elle en poursuit les traces avec tant d'obstination qu'on peut dire qu'elle les suscite et les fait vivre d'un même mouvement imperceptible, fabriquant une situation paradoxale. Dites signifiantes quand elles sont joyeuses et contentées ; nommées ténébreuses, énigmatiques et vaines quand elles sont coléreuses, les paroles populaires, débusquées par une police uniquement chargée d'elles, sont-elles, dès lors, un des moyens d'accéder aux représentations de la « sphère publique plébéienne réprimée », dont Jurgen Habermas disait qu'on ne pouvait l'atteindre au XVIIIe siècle, si ce n'est l'espace d'un instant au début de la Révolution ?

Il y a sans doute un défi à vouloir, par cette archive, réfléchir sur les significations du politique dans une société qui ne connaît rien des procédures qui caractérisent la politique, dans une société qui refuse à son peuple l'idée même qu'il puisse avoir une pensée, à qui on demande seulement d'acclamer ou de ne point se soulever. Il y a sans doute un défi à marquer du sceau du politique des paroles ébruitées par une police avide de potins, un risque à prendre, mais c'est dans cet univers de paroles en miettes que l'expérience quotidienne et sociale prend figure, c'est dans le poids des mots que peuvent s'énoncer les raisons de ceux qui ne sont point reconnus pour en avoir. Ainsi peut-on repérer des formes d'interprétation des événements, identifier des opinions et des jugements articulés dans des systèmes de représentations, trouver des configurations subtiles où s'exprime un savoir social et politique, où s'inventent des actions et où des gestes et des habitudes captent les enjeux du moment pour en faire des requêtes nouvelles. L'archive contient ici ce qu'elle récuse : une attention extrême des couches populaires à ce qu'on ne veut point lui dire et qui prend sens sous ses yeux. Cela ne s'appelle-t-il point un jugement politique ?

Là encore, le travail se fait à travers l'éparpillement des échos et des nouvelles rapportées dans l'archive (ce morcellement est sans doute moins une lacune que l'image d'un mode d'être). Il est des moments particuliers où les paroles se bousculent, où leur irruption inonde les écrits des observateurs et où ces derniers (une fois n'est pas coutume) s'inquiètent presque de tant de vigueur, de tapages ou de vociférations. D'autant qu'en général les mots sont relayés par des écrits ; les affiches, les pamphlets et relations de faits divers envahissent la rue et redonnent à la parole d'autres moyens de se dire et de s'exprimer. Rapide, la circulation entre l'écrit et l'oral plie la ville à ses cadences. C'est ainsi qu'entre 1730 et 1736, l'affaire des convulsionnaires du cimetière de Saint-Médard[60] requiert les mouches quasiment à temps plein. Tout d'abord ceux qui sont expressément chargés de recueillir sans discontinuer les rêves, discours et prophéties des convulsionnaires elles-mêmes[61]. Mais encore tous ceux qui, dans les places et carrefours, transcrivent ce qui se transmet de l'affaire. Rappelons brièvement les faits : en 1728, Fleury, ministre du roi, lance une lourde offensive contre les jansénistes, et trois cents ecclésiastiques se trouvent interdits dès 1730... Pendant ce temps, des événements tout à fait particuliers surviennent dans l'enceinte du cimetière de l'église Saint-Médard. Ici, vivait un diacre, janséniste, nommé Pâris, tout entier consacré à l'ascèse et à la pauvreté, logeant dans une cabane du faubourg Saint-Marcel, en plein quartier populaire. En 1727, il meurt, ayant persisté dans ses sentiments contre la Constitution et contre Rome. Particulièrement aimé de ses fidèles, sa mort entraîne plusieurs manifestations, d'abord très discrètes. On vient prier sur sa tombe et se recueillir en nombre, puis surviennent quelques miracles et quelques guérisons dont on parle aux proches sans les clamer sur les toits. Le phénomène s'amplifie au fur et à mesure que la répression s'étend, et, après une vague d'arrestations de 250 convulsionnaires, décision royale est prise, le 27 janvier 1732, de fermer le cimetière. A dater de ce jour, les gazetins sont bourrés de réactions, « Paris est inondé d'écrits... on n'entend autre chose que... on déclame hautement chez des crocheteurs... on parle partout de... on parle haut et fort... ».

Mais que dit-on ? Autour de l'événement quelque chose s'ordonne et se cimente dont il faut reconnaître les contours. Le bruit des rumeurs est assourdissant et les paroles prononcées dans l'enceinte du cimetière ont tant de poids que le journal janséniste *Les Nou-*

131

velles ecclésiastiques les transcrit à son tour. Ainsi leur accordent-elles un pouvoir nouveau, écartant pour la première fois sans doute l'idée que l'opinion populaire puisse être du domaine de la fiction. Mais restons dans les textes d'archives et avec les paroles qui y sont transcrites en ce moment précis. Pour remarquer que quelque chose de spécifique se crée autour d'un lieu — le cimetière — et pour noter comment l'espace peut être générateur d'événements. Le cimetière est un lieu familier, en pleine vie urbaine, signe d'une certaine communauté entre les vivants et les morts. C'est pour cela qu'il est aussi un lieu d'évocations imaginaires, de fantasmes et de peurs collectives. Un espace où tout est possible ; des bruits étranges s'y entendent la nuit, des vapeurs s'en échappent tandis qu'on y vole des cadavres pour de drôles de trafics. Et que penser de ceux qui craignent d'y être enterrés vifs, et veulent avant le grand voyage se pourvoir de sonnailles en cas de mort incertaine ? Lieu familier, lieu incertain, lieu saint et sacré surtout : que le roi ait pris décision de le fermer, d'y opposer un interdit est entendu par la population comme une sorte de crime de lèse-majesté, ce qui est tout de même le comble de la part d'un roi. Le cimetière est le lieu de Dieu par excellence ; qu'il y fasse des

miracles devrait soumettre le roi, et les observateurs notent les propos scandalisés de tous,
« qu'il est inouï pour un roi de venir s'ingérer
jusque dans les secrets de Dieu », « qu'il est
indécent de faire garder la porte d'une église
et d'un cimetière par des archers à main »,
« que de pareils procédés déshonorent le roi et
la religion », « qu'il est scandaleux que les
officiers jurent et prononcent des B... et des
F..., qu'ils devraient respecter le cimetière qui
est un lieu saint », « que des punitions écla-
tantes s'abattront sur le roi et Fleury »[62].

Aux propos scandalisés s'ajoutent des histoires racontées, dont chacun assure qu'elles
ont bien eu lieu et qu'elles sont la preuve de
l'ignominie de l'ordonnance royale. A la mort
bafouée par la fermeture du cimetière répond
une mort active, qui frappe ceux qui sont
chargés de la garde du cimetière. Des faits
divers étranges se chuchotent çà et là, et le
spectre de la mort subite tombant sur ceux qui
ont plus ou moins trempé dans cette affaire de
fermeture va grandissant. « On dit dans le
public, notent les gazetins, qu'il y a eu deux
archers morts subitement dans le cimetière
pour avoir commis quelque irrévérence, ils
ont été enterrés sur-le-champ et sans bruit. »
« On dit dans le public que le lieutenant général de police s'est transporté à Saint-Médard

sur les minuit, accompagné de deux maçons, pour exhumer l'abbé Pâris, que l'un des maçons est tombé raide mort dans le cimetière en voulant donner un premier coup de pioche et que l'autre que l'on nomme Serviat est mort subitement quelques jours après. » Et encore : « On dit que des prélats meurent de mort subite en punition de leurs scélératesses. » Certains évoqueront même la mort du roi ; à ce rêve répondra dans les faits celle du duc d'Anjou...

C'est donnant donnant : interdire au public les lieux sacrés de sépulture entraîne châtiment. La riposte est brutale puisqu'il s'agit de mort subite. Ce qui n'est pas un hasard ; on sait qu'au XVIIIe siècle, la mort soudaine rend manifeste la réprobation définitive de Dieu, puisqu'elle prive l'homme de tout moyen de repentir et de confession[63] ; la mort subite n'est autre que la main de Dieu.

Une spirale de propos acerbes et de sévères critiques s'amplifie et s'authentifie par une série de récits invérifiables murmurés entre cabarets et coins de rues, empruntant tous les mêmes thèmes, s'enchaînant les uns aux autres pour fonder ici une vérité : le roi a tort, Dieu le prouve.

C'est souvent qu'à propos de tel ou tel événement important de la vie sociale, on remarque des concordances avec le contenu de faits divers les plus racontés en ville. Comme si, dans la masse des feuilles volantes vendues en pleine rue, emplies de prodiges et de catastrophes, importaient davantage les récits qui d'une façon ou d'une autre permettent de penser les événements. Il ne s'agit presque jamais d'une concordance terme à terme entre le fait religieux, économique ou politique et le fait divers, mais bien plutôt d'un système de correspondances par lequel la population, n'ayant pas prise directe sur l'événement, cherche aussi à se le raconter avec les moyens qui lui sont offerts, et puise dans les faits divers un arsenal allégorique et imagé qui non seulement comble un vide, mais autorise ses convictions, fonde ses vérités.

Paradoxale, l'archive ici contient à la fois ce qu'elle nie et ce qu'elle veut à tout prix entendre : les paroles traquées, les histoires qu'on se raconte, l'investissement de lieux créateurs d'action, les représentations et les actes en train de se faire sont autant de formes emboîtées du savoir social et de formes repérables de l'expression populaire. Elles sont une histoire en construction dont l'issue n'est jamais entièrement saisissable ; pour en rendre compte, il faut quitter les rivages souverains du savoir dominant qui sait expliquer après coup les archaïsmes des uns et les modernismes des autres, pour emprunter le chemin des acteurs qui inventent leurs formes d'action au fur et à mesure de leur participation aux événements, en conquièrent le sens contre toutes les tentatives venues d'en haut pour qu'il leur reste opaque. Le lecteur d'archives, en regardant ce qui se passe dans l'événement, le dit et le défait en même temps, sans le dissoudre ou l'annuler, sans surimposer « son » sens à celui qui dans l'événement se cherche constamment. Par l'archive, on entrevoit qu'adviennent des figures, constamment en mouvement, et dont l'agencement se combine sans fin entre action et réaction, changement et conflit. Il faut saisir ce qui advient, reconnaître dans les faits identifiés que toujours quelque chose se passe à l'intérieur des relations sociales, renoncer aux catégorisations abstraites pour rendre manifeste ce qui bouge, survient et s'accomplit en se transformant.

La salle des inventaires est sépulcrale

La salle des inventaires est sépulcrale : le chauffage n'y est pas de mise, les hauts plafonds soufflent un air humide. Le long des murs, couverts de registres, sont disposées de grises tables de fer, carcérales. Elles servent à consulter les inventaires indiquant sous quelle cote se trouvent les manuscrits recherchés. Au centre, une table aussi austère que les autres, peut-être légèrement plus large, accueille un archiviste impassible. Près de la croisée ouvrant sur le jardin, un magasinier numérote des feuillets de son écriture appliquée. Pas un mot, peu de sourires et de vagues chuchotements. Le bruissement de papiers est monotone, et l'horloge au-dessus de la porte à double battant n'indique pas l'heure. Le temps est ailleurs, semblable à celui qui s'est immobilisé il y a déjà longtemps dans cette salle de porphyre de l'Escurial où gisent les reines et les rois d'Espagne, sévèrement disposés dans leur tombeau de marbre. Au creux de la sombre vallée d'Espagne repose la longue succession de la monarchie, au creux du Marais reposent les traces du passé. Les images de ces deux mausolées se juxtaposent apparemment sans raison ; pourtant, à chacune de ses incursions en salle des inventaires, elle est assaillie par ce souvenir d'au-delà des Pyrénées.

Aujourd'hui, un jeune homme intimidé demande conseil à l'archiviste de service dans la salle. Il désire entreprendre, pour son père malade, sa généalogie familiale. La rigidité de la salle des inventaires lui voûte légèrement les épaules, plus qu'à l'ordinaire peut-être. Il ose à peine regarder dans la direction qu'on lui indique, reste gauchement accroché à son cartable de cuir marron. L'archiviste parle tout bas, prend un registre derrière lui et, du bout des doigts, suit les lignes imprimées où sont inscrits des numéros précédés d'une lettre majuscule. Puis, doucement, il amène le jeune homme près de la plus longue travée où sont rangés les registres. Il en sort six ou sept, choisis sans hésiter. A nouveau, il les ouvre, montre du doigt les longues colonnes de chiffres, les referme, pose les livres, en prend d'autres, explique, retourne vers son bureau consulter sa boîte de fiches bien serrées dans un carton à chaussures beige. Le jeune homme écoute, sa serviette à la main, l'air d'un explorateur qui n'a pas encore trouvé la clé du coffre-fort et ignore le temps qu'il lui faudra pour cela. Les aiguilles de la pendule restent immobiles. L'archiviste est revenu près du jeune homme, il lui glisse deux mots à l'oreille et l'abandonne à la table où sont sortis les livres. Le jeune homme s'assoit et commence à lire tout en extrayant une feuille blanche de son cartable, enfin mis à terre. Les yeux se promènent d'une page à l'autre sans se fixer et s'attachent de temps à autre aux quelques lecteurs qui, un carton vert à la main, ne viennent ici que pour une brève vérification. On dirait qu'il les envie, pense-t-elle. Il reste ainsi de longs moments à prendre des notes. Sa feuille blanche se noircit de cotes inscrites de plus en plus fiévreusement. C'est le début d'un long labyrinthe où il s'engouffre pesamment, inquiet non de l'issue, mais du lacis de ruelles de papier qu'il va falloir emprunter.

Décidément, aux Archives nationales, la salle des inventaires n'a rien à voir avec les salles de catalogues ou de fichiers des autres bibliothèques. Celles-ci sont remuantes et animées, avec leurs casiers de bois ouverts et refermés aussi sec quand on ne trouve point la référence attendue. Le bois clair n'y fait pas deuil, et les lecteurs, apparemment décontractés, profitent de ce moment de répit pour se dénouer le dos et se mettre au courant des dernières nouvelles du monde universitaire. Aux catalogues, se promener un crayon à la bouche, trois fiches blanches à la main en claquant les talons, n'est pas une mauvaise chose. La perspective de la salle est amusante ; au lieu de se trouver devant des galériens au dos courbé, prostrés et muets, qui garnissent les salles de lecture, on aperçoit une perspective insolite d'hommes et de femmes troncs aux têtes virevoltantes au-dessus des fichiers. On n'y parle pas fort mais moins bas qu'ailleurs, et dans certaines bibliothèques les fichiers hauts sur pattes laissent entrevoir les jambes alertes ou non des consultants.

Aux inventaires, le monde s'arrête, statufié, les registres eux-mêmes sont sibyllins pour qui n'en connaît pas le code. Le souffle retenu, chacun cherche le sésame qui bien entendu n'ouvre qu'une seule porte à la fois. Une bonne référence de livre trouvée au fichier peut parfois apporter une réponse définitive à un chercheur en plein parcours ; une cote d'archives souvent ne fait que renvoyer à une autre cote qui elle-même donne accès à une nouvelle série où dorment d'autres cotes. Les *yeux s'embrouillent à mémoriser de A à Z et de Z^{1A} à Z^{1H} cet univers immense où gisent des secrets par moments inaccessibles. La fierté de l'habitué tient parfois à de dérisoires victoires : quand il rencontre un autre habitué, il peut, dans la conversation, négligemment jeter que Y 10139 est nettement mieux conservé que X^{2B} 1354. A ce niveau-là, la salle des inventaires n'est plus un tombeau mais un aquarium où le lecteur est comme un poisson dans l'eau. La preuve : un mois plus tard, le même jeune homme entre, décontracté et souriant ; il se hâte vers un grand registre rouge foncé qu'il ouvre immédiatement à la bonne page. Il note deux renseignements, relève les épaules, regarde distraitement l'heure qui depuis si longtemps se refuse à tourner. Satisfait, très satisfait, il range l'inventaire, et, avant d'aller rejoindre la salle de lecture où l'attendent des manuscrits, il aperçoit un jeune homme timide et légèrement voûté qui ose à peine déranger l'archiviste. Il détourne la tête, rapidement, puis ferme la porte sur lui. Dans le couloir, il retrouve un ami qu'il a connu ici même dans cette salle blanchâtre : ravi, il lui annonce que bientôt il pourra remettre à son père cette généalogie tant désirée. Il ajoute, on ne sait pourquoi, que cet été il retournera à l'Escurial voir les tombeaux des rois... Elle a souri.*

*

Tout passe par elle ; tout se passe autour d'elle : bruit d'essaim ininterrompu, et agitation autour de son estrade surmontée d'un bureau donnant à la salle de lecture une allure improbable. Tout devrait être calme normalement, et conserver comme à l'habitude cette odeur inimitable où les effluves de cire se confondent à ceux plus fades des reliures de cuir fané. Puisque rien ne ressemble à hier, et qu'un parfum poivré donne le ton à peine franchi le seuil, il n'y a guère de doute : c'est son jour de présidence de salle. Telle une reine baroque aux lourds bijoux et aux robes à larges fleurs, elle fait souffler sur la salle un vent de marée d'équinoxe. Personne n'en réchappe, si ce n'est peut-être les derniers rangs, là-bas, plus éloignés, donc plus préservés. Les premiers rangs sont en effervescence, inexorablement contaminés par sa fébrilité sévère et imposante ; cela se voit aux têtes relevées, aux mains exaspérées sur les feuillets, aux pieds entortillés bizarrement contre les barreaux de chaise. Elle règne, donne des conseils qui ressemblent à des ordres, parle très haut, ne comprend pas ce qu'elle ne veut point

142

entendre tout en froissant continuellement son journal du matin. Par moments, une nouvelle lue la fait soupirer ou gronder, c'est difficile à savoir. Il n'y a rien à gagner à la déranger en cet instant ; mieux vaut s'éloigner vers les « usuels » et se plonger distraitement dans une revue plus ou moins récente. Il sera bien temps de revenir, quand un vague sourire l'aura rendue presque attendrissante.

Cinq ou six fois par matinée, huit à neuf fois par après-midi, elle est appelée au téléphone, un téléphone qui n'est pas sur son bureau ; il faut donc que, de loin, un magasinier lui fasse signe, mimant l'appareil et articulant en silence : TÉLÉPHONE. Cette bouche ouverte, là-bas au fond de la salle, agit sur elle comme une catapulte ; elle ne se lève pas, elle bondit, les deux bras prenant appui en un éclair sur son bureau pour mieux s'élancer. Elle descend les deux marches telle une trombe, entame son parcours. Est-ce pour aller plus vite ou pour faire le moins de bruit possible ? mais la voici se dandinant curieusement sur la pointe des pieds, pour ne pas courir, à moitié déhanchée, marquant le parquet de minuscules petits pas sonores. La scène, dans cette salle de lecture boisée et studieuse, prend des allures de cataclysme. Accélérant son pas au moment d'arriver à l'endroit du téléphone, elle assure son équilibre en s'arc-boutant sur la dernière longue table, pivote autour de son angle droit et reprend sa course. Le magasinier prend la précaution de tenir la porte ouverte ; en un dernier glissement qui fait vaciller son chignon savamment bouclé, elle parvient au but, les deux bras en avant. La porte se referme, quelques papiers s'envolent. C'est son sillage. On entend sa voix perçante se confondre en amabilités sucrées, sans percevoir l'exact contenu de la conversation. Toutes les têtes se penchent à nouveau vers les dossiers et les registres, occupées à reprendre un peu de concentration. En oubliant que ce départ précipité exige forcément un retour. Il s'exécute de la même façon, en catastrophe ; elle ne monte pas les deux marches de son estrade, elle les avale, avant de s'asseoir brutalement, et de presque crier à ceux qui l'attendent patiemment, le carton tendu et l'air hébété, que ce n'est pas à elle qu'il faut s'adresser pour un si léger détail. Elle est inimitable.

Demain, elle sera absente, on la regrettera. La salle presque trop calme, trop concentrée, il faudra veiller à ne pas s'endormir. Heureusement, le vieil Anglais du troisième rang sera présent ; comme à l'habitude et par inadvertance, il fera claquer son pupitre. En rythme, toutes les épaules sursauteront.

Écrire

On ne ressuscite pas les vies échouées en archive. Ce n'est pas une raison pour les faire mourir une deuxième fois. L'espace est étroit pour élaborer un récit qui ne les annule ni ne les dissolve, qui les garde disponibles à ce qu'un jour, et ailleurs, une autre narration soit faite de leur énigmatique présence.

A coup sûr, le goût pour les mots et les actions en lambeaux modèle l'écriture ; prenant appui sur la fragmentation des paroles, elle trouve son rythme à partir de séquences qui ne doivent rien à la nécessité mais tout au plausible, elle cherche un langage qui laisse subsister de la méconnaissance tout en offrant des parcelles de savoir neuf inattendu. L'exercice est périlleux de vouloir que l'histoire soit aussi façonnée de ce qui aurait pu se produire, laissant échapper à travers le déroulement des événements l'ordre instable et disparate de l'affleurement du quotidien, celui-là même qui rend le cours des choses à la fois probable et improbable.

Pour cela, il faut se tenir loin de l'archive-reflet où l'on ne puise que des informations et de l'archive-preuve qui achève des démonstrations, avec l'air d'en finir une fois pour toutes avec le matériel. Comment donc inventer un langage qui s'accroche à ce qui se cherche là, à travers des traces infinies du défi, des revers et des réussites. Si les mots employés ne permettent jamais aux actes qu'ils décrivent de se rejouer, à tout le moins peuvent-ils évoquer du rejouable, des suppléments de liberté pour plus tard, ne serait-ce qu'en énonçant de la dignité et en s'efforçant de mesurer l'ampleur des déchirements et de la douleur. Bien sûr, « l'histoire survient quand la partie est terminée[64] », écrit Paul Ricœur, mais l'écriture de cette histoire doit garder le goût de l'inaccompli, en laissant par exemple errer les libertés après qu'elles eurent été bafouées, en refusant de rien clore, en évitant toute forme souveraine des savoirs acquis. Il existe certainement une manière neuve de plier les mots au rythme des surprises ressenties face à l'archive, de les obliger à tenir compagnie à l'hésitation intellectuelle, afin de laisser par exemple les infamies comme les désirs d'émancipation être manifestes à eux-mêmes, tout en les maintenant aptes à se nouer plus tard sur d'autres rêves ou d'autres visions. Il y a sûrement moyen, par le seul choix des mots, de produire des secousses, de rompre des évidences, de prendre à revers l'habituel fil débonnaire de la connaissance scientifique. Il y a sûrement moyen d'aller au-delà de la restitution morne d'un événement ou d'un objet historique, en marquant des lieux où le sens s'est défait, en produisant du manque là où régnaient des certitudes. Tendue entre le besoin de construire du sens avec un récit qui se tienne, et la certitude qu'il ne faut rien réifier, l'écriture se cherche entre intelligence et raison, passion et désordre.

Ce n'est plus un secret à présent, au moment où cet essai se termine. Le goût de l'archive est visiblement une errance à travers les mots d'autrui, la recherche d'un langage qui en sauve les pertinences. Peut-être même est-ce une errance à travers les mots d'aujourd'hui, une conviction peu raisonnable qu'on écrit l'histoire pour ne pas la raconter, pour articuler un passé mort sur un langage et produire de « l'échange entre vivants[65] ». Pour se glisser dans un discours inachevable sur

147

l'homme et l'oubli, l'origine et la mort. Sur les mots qui traduisent l'implication de chacun dans le débat social.

Notes

1. Pour éviter la lourdeur de répétitions inutiles, quand on écrira « archives », il faudra comprendre « archive judiciaire ».

2. Les « relations » sont des feuilles volantes imprimées, colportées au xviiie siècle et portant le récit de faits divers, de prodiges et de curiosités diverses.

3. J. André, « De la preuve à l'histoire, les archives en France », *Traverses*, n° 36, janvier 1986, p. 29.

4. Aux Archives de France, en 1980, on notait un accroissement de 75 km par an. Cf. J. André, *op. cit.*, p. 27.

5. Aux Archives de la Bastille sont conservés les innombrables dossiers d'imprimeurs, colporteurs et garçons de librairies mis en prison pour avoir fabriqué et vendu pamphlets et libelles.

6. Ph. Lejeune, *Le Pacte autobiographique*, Paris, Éditions du Seuil, 1975.

7. Bibliothèque de l'Arsenal (plus loin B.A.), Archives de la Bastille (plus loin A.B.), 12057, 8 juillet 1759.

8. Bibliothèque de l'Académie de médecine, SRM 179, affaire Anne Barbaroux, 1785. Cf. aussi J.-P. Peter, « Entre femmes et médecins. Violences et singularités dans le discours du corps d'après les manuscrits médicaux de la fin du xviiie siècle », *Ethnologie française*, t. 6, n°s 3-4, 1976.

9. Jargon de métier signifiant : rentrer chez soi après avoir travaillé en Bibliothèque.

10. Récolement : terme juridique employé au XVIIIᵉ siècle qui signifie appel des témoins après interrogatoire des accusés.

11. L.-S. Mercier, *Tableau de Paris*, Amsterdam, 1782, 12 vol.

12. N. Rétif de La Bretonne, *Les Nuits de Paris*, 2 vol., éd. Paris, 1930.

13. A. Farge, M. Foucault, *Le Désordre des familles, les lettres de cachet des Archives de la Bastille*, Paris, Gallimard, 1982.

14. Ce sont les dénominations des peines encourues au XVIIIᵉ siècle ; on peut y ajouter celle du pilori, comme celle du bannissement qui oblige le délinquant à sortir de sa province.

15. N. Z. Davis, *Pour sauver sa vie. Les récits de pardon au XVIᵉ siècle*, Paris, Éditions du Seuil, 1988.

16. M. Foucault, « La vie des hommes infâmes », *Cahiers du chemin*, n° 29, 15 janvier 1977, p. 13.

17. M. Foucault, *op. cit.*

18. R. Dekker, « Women in revolt. Popular protest and its social basis in Holland in the XVIIᵗʰ and XVIIIᵗʰ century », *Theory and Society*, n° 16, 1987.

19. Ouvrier en chambre qui travaille pour lui-même sans être dans une communauté de métier. C'est une activité marginale sévèrement réprimée par la police du travail.

20. A.N., AD III 7, 16 octobre 1749 à Saint-Arnoult (élection de Beauvais).

21. Les textes de la Bibliothèque bleue, par exemple, comprennent de nombreuses attaques contre les femmes. Cf. A. Farge, *Le Miroir des femmes, textes de la Bibliothèque bleue*, Paris, Éditions Montalba, 1982.

22. A Farge, « Les femmes, la violence et le sang au XVIIIᵉ siècle », *Mentalités*, n° 1, septembre 1988.

23. N. Z. Davis, *Les Cultures du peuple. Rituels, savoirs et résistances au XVIᵉ siècle*, Paris, Aubier, 1979.

24. Cf. Mettra, « Le ventre et son royaume », *L'Arc*, n° 52, Michelet, p. 38.

25. Entre autres par R. Mandrou et M. de Certeau, en passant par exemple par Ph. Ariès, M. Foucault et J. Rancière.

26. Toutes conservées à la B.A.

27. A.B. 10019.

28. Affaire Thorin, 1758, A.B. 12023.

29. P. Retat, *L'Attentat de Damiens. Discours sur l'événement au XVIIIᵉ siècle*, Presses universitaires de Lyon, 1979.

30. M. de Certeau, *L'Écriture de l'histoire*, Paris, Gallimard, 1975.

31. A.N., Y 13728 s.d.

32. A.N., Y 10999 à Y 11032, commissaire Hugues, quartier des Halles, 1757 à 1788.

33. A.N., Y 11007ᴬ, commissaire Hugues.

34. C. Ginzburg, C. Poni, « La micro-histoire », *Le Débat*, n° 17, décembre 1981, p. 133.

35. A.N., X²ᴮ1367, juin 1750.

36. E. Goffmann, *Façons de parler*, Paris, Éditions de Minuit, 1987.

37. A. Farge, J. Revel, *Logiques de la foule. L'affaire des enlèvements d'enfants, Paris, 1750*, Paris, Hachette, 1988.

38. A.B. 11929, année 1757.

39. A.B. 11923, année 1756.

40. A.N. X²ᴮ 1367, année 1750.

41. C. Ginzburg, *Le Fromage et les Vers. L'univers d'un meunier au XVIᵉ siècle*, Paris, Flammarion, 1980, p. 15.

42. M. Foucault, *Les Mots et les Choses*, Paris, Gallimard, 1966, p. 380.

43. F. Dosse, « Foucault face à l'histoire », *Espace-Temps*, n° 30, p. 5.

44. J. Revel, « Une œuvre inimitable », *Espace-Temps*, Braudel dans tous ses états, p. 14.

45. E. H. Carr, *Qu'est-ce que l'histoire ?*, Paris, La Découverte, 1987, p. 62.

46. Entretien avec L. Finas cité par M. Blanchot, *Michel Foucault tel que je l'imagine*, Fata Morgana, 1986, p. 46-47.

47. P. Vidal-Naquet, *Les Assassins de la mémoire*, Paris, La Découverte, 1987.

48. P. Vidal-Naquet, « Lettre », Michel de Certeau, Centre G. Pompidou, 1987, p. 71-72.

49. C'est avec l'autorisation personnelle de P. Ricœur

151

que nous citons ses mots prononcés le 22 juin 1988 à l'École des hautes études en sciences sociales lors d'une intervention orale dans le cadre d'une journée de travail « Autour de Paul Ricœur », organisée par R. Chartier et F. Hartog.

50. Nous citons ici les mots de R. Chartier au cours de son intervention du 22 juin 1988.

51. P. Vidal-Naquet, *op. cit.*

52. E. H. Carr, *op. cit.* , p. 75.

53. J. Rancière, *La Nuit des prolétaires. Archives du rêve ouvrier*, Paris, Fayard, 1981.

54. La charge de lieutenant général de police se créa à Paris en 1667 ; toute la police s'organise autour de son autorité. Les archives en sont essentiellement conservées à la Bibliothèque de l'Arsenal.

55. A.B. 10155 à 10170, années 1724 à 1781.

56. J. Habermas, *L'Espace public, archéologie de la publicité comme dimension constitutive de la société bourgeoise*, Paris, Payot, 1978.

57. Sur le thème de l'opinion publique au XVIIIe siècle, voir les travaux de K. Baker, « Politique et opinion publique sous l'Ancien Régime », *Annales ESC*, janvier-février 1987 ; R. Chartier, « Culture populaire et culture politique sous l'Ancien Régime », *French Revolution and the Creation of Modern Political Culture*, vol. I, *Political Culture of the Ancient Regime*, Bergamon Press, 1987 ; S. Maza, « Le Tribunal de la nation : les mémoires judiciaires et l'opinion publique à la fin de l'Ancien Régime », *Annales ESC*, janvier-février 1987 ; M. Ozouf, « L'opinion publique », *Political Culture of the Ancient Regime*, Bergamon Press, 1987 ; J. Sgard, « Naissance de l'opinion publique », à paraître (Colloque Ottawa. Les Lumières du savoir, 1986).

58. Mouche : nom donné aux observateurs de police cachés dans la foule et les lieux publics.

59. Sur l'obsession de la police à rapporter bruits et paroles, cf. les dossiers d'information conservés à la Bibliothèque de l'Arsenal dans les Archives de la Bastille à propos des affaires du temps (affaires jansénistes, surveillance des mœurs, maisons de jeux, surveillance des étrangers, etc.).

152

60. C. L. Maire, *Les Convulsionnaires de Saint-Médard*, Paris, Gallimard, 1985 ; D. Vidal, *Miracles et Convulsions jansénistes au XVIIIᵉ siècle*, Paris, PUF, 1987.

61. A.B. 10196-10206. Rapports de police sur ce qui se passe chaque jour dans l'église de Saint-Médard, 1720-1757.

62. A.B. 10161.

63. R. Favre, *La Mort au siècle des Lumières*, Presses universitaires de Lyon, 1978.

64. P. Ricœur, *Temps et Récit*, t. I, Paris, Éditions du Seuil, 1983, p. 222.

65. M. de Certeau, *L'Écriture de l'histoire*, *op. cit.*, p. 61.

Table

Du même auteur

Le Vol d'aliments à Paris au XVIIIe siècle
Délinquance et criminalité
Plon, 1974

L'Histoire sans qualités
*(en collaboration avec Christiane Dufrancatel
et Christine Faure)*
Galilée, 1979

Vivre dans la rue à Paris au XVIIIe siècle
*Gallimard, « Archives », 1979
et « Folio Histoire », 1992*

Le Désordre des familles
Lettres de cachet des archives de la Bastille
(en collaboration avec Michel Foucault)
Gallimard, 1982, 2014

Le Miroir des femmes
Montalba, 1982

Madame ou Mademoiselle ?
Itinéraires de la solitude féminine, XVIII-XXe siècle
(en codirection avec Christiane Klapisch-Zuber)
Montalba, 1984

La Vie fragile
Violence, pouvoirs et solidarités à Paris au XVIIIe siècle
Hachette, 1986
Seuil, « Points Histoire » n° 156, 1992, 2007

Logique de la foule
L'affaire des enlèvements d'enfants, Paris, 1750
(en collaboration avec Jacques Revel)
Hachette, 1988

Histoire des femmes en Occident
vol. 3. XVI-XVIIIᵉ siècle
(en codirection avec Natalie Zemon Davis)
Plon, 1991
Perrin, « Tempus », 2002

Dire et mal dire
L'opinion publique au XVIIIᵉ siècle
Seuil, « La Librairie du XXᵉ siècle », 1992

Le Cours ordinaire des choses
Dans la cité du XVIIIᵉ siècle
Seuil, « La Librairie du XXᵉ siècle », 1994

Les Fatigues de la guerre
L'Arbre à lettres, 1995
Le Promeneur, « Le Cabinet des lettrés », 1996

De la violence et des femmes
(en codirection avec Cécile Dauphin)
Albin Michel, 1997
« Pocket », 1999

Des lieux pour l'histoire
Seuil, « La Librairie du XXᵉ siècle », 1997

La Chambre à deux lits
et le Cordonnier de Tel-Aviv
Essai
Seuil, « Fiction & Cie », 2000

Les dahlias sont rouge sang
La Pionnière, 2000

Fracture sociale
(en collaboration avec Jean-François Laé)
Desclée de Brouwer, 2000

Séduction et sociétés
Approches historiques
(en codirection avec Cécile Dauphin)
Seuil, 2001

La Nuit blanche
Seuil, « La Librairie du xxᵉ siècle », 2002

Le Bracelet de parchemin
L'écrit sur soi au xvIIIᵉ siècle
Bayard, 2003

Sans visages
L'impossible regard sur le pauvre
(en collaboration avec Jean-François Laé,
Patrick Cingolani et Franck Magloire)
Bayard, 2004

La Plus Belle Histoire du bonheur
(en collaboration avec André Comte-Sponville
et Jean Delumeau)
Seuil, 2004
et « Points », n° P1427, 2006

L'Enfant dans la ville
Petite conférence sur la pauvreté
Bayard, 2005

Quel bruit ferons-nous ?
(entretiens avec Jean-Christophe Marti)
Les Prairies ordinaires, 2005

Les Mots pour résister
Voyage de notre vocabulaire politique,
de la Résistance à aujourd'hui
(en collaboration avec Michel Chaumont)
Bayard, 2005

Sept images d'amour
(en collaboration avec Jean-François Laé,
Rose-Marie Lagrave, Philippe Mangeaot
et Gérard Mordillat)
Les Prairies ordinaires, 2006

Effusion et tourment, le récit des corps
Histoire du peuple au XVIIIe siècle
O. Jacob, 2007

Flagrants délits sur les Champs-Élysées
Les dossiers de police du gardien Federici
(édition, présentation et notes)
Mercure de France, 2008, 2010

Semantic tramps
(en collaboration avec Christophe Beauregard)
Filigranes, 2008

Le Silence, le souffle
La Pionnière, 2008

Condamnés au XVIIIe siècle
T. Magnier, « Troisième culture », 2008
Le Bord de l'eau, 2013

Essai pour une histoire des voix au XVIIIe siècle
Bayard, 2009

Journal d'un gendarme, 1914-1916
du capitaine Jules Allard
(édition et présentation)
Bayard, 2010

Histoires de l'amour
Fragilités et interdits, du *Kamasûtra* à nos jours
(en codirection avec Jocelyne Dakhlia,
Christiane Klapisch-Zuber
et Alessandro Stella)
Bayard, 2011

Un ruban et des larmes
Un procès en adultère au XVIIIe siècle
Éd. des Busclats, 2011

La Déchirure
Souffrance et déliaison sociale au XVIIIe siècle
Bayard, 2013

IMPRESSION : NORMANDIE ROTO IMPRESSION S.A.S. À LONRAI (ORNE)
DÉPÔT LÉGAL : JANVIER 1997. N° 30909-8 (1703173)
IMPRIMÉ EN FRANCE

IMPRESSION NOUVELLE OPTIQUE IMPRESSION SUR LA PLAINE-SAINT-DENIS (OENB)
DÉPÔT LÉGAL JANVIER 1977. N° D'ÉDITION 4637 (D1372)
IMPRIMÉ EN FRANCE

Éditions Points

le cercle

Le catalogue complet de nos collections est sur Le Cercle Points, ainsi que des interviews d'auteurs, des jeux-concours, des conseils de lecture, des extraits en avant-première…

www.lecerclepoints.com

Collection Points Histoire